Gottschalk · Die großen Pharaonen

Die großen

Ihr Leben, ihre Zeit, ihre Kunstwerke

Gisela Gottschalk

Pharaonen

Die bedeutendsten Gottkönige Ägyptens
in Bildern,
Berichten und Dokumenten

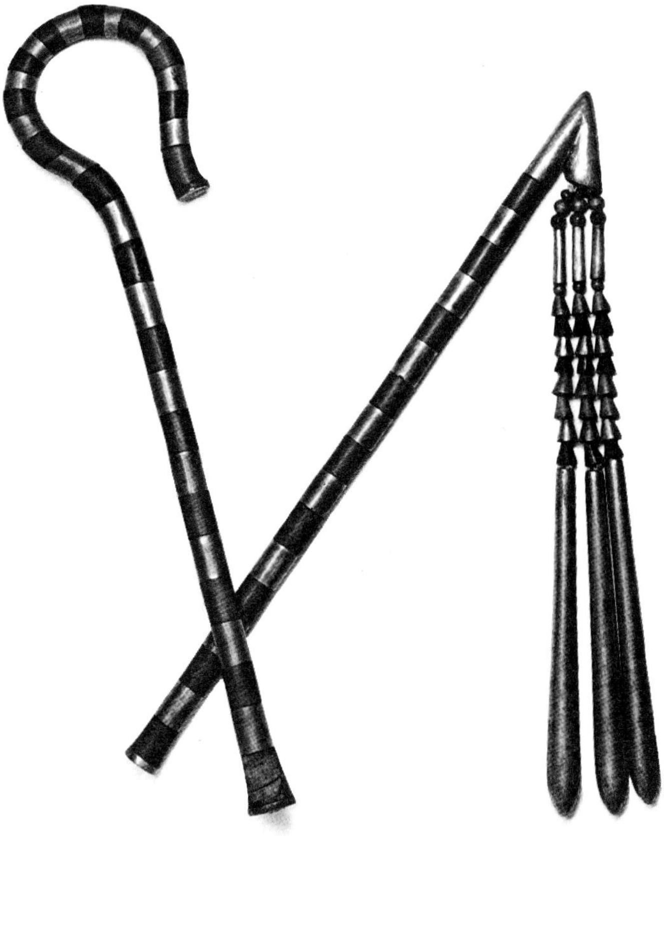

Dem Andenken meines Vaters

Genehmigte Lizenzausgabe für Weltbild Verlag GmbH, Augsburg 1991
Layour: Bruno Schachtner.
Schutzumschlaggestaltung: Graupner + Partner unter Verwendung
je eines Fotos von Dieter Johannes (Vorderseite) und der Réunion des
Musées Nationaux, Paris (Rückseite).

ISBN: 3-89350-078-2
Printed in Yugoslavia

Inhalt

I Pharao – »das große Haus«

Romet – Menschen –, so nannten die alten Ägypter sich selbst, ihr Land hieß *Kemi* – die schwarze Erde –, und *Pharao* war ursprünglich der Name des Königspalastes. Wenn sie vom Pharao, wörtlich »das große Haus«, sprachen, statt den Herrscher beim Namen zu nennen, so umschrieben sie die höchste Institution genauso wie wir, wenn wir vom »Heiligen Stuhl« oder vom »Kreml« sprechen.

Abb. S. 17

In den Königslisten des ägyptischen Priesters und Geschichtsschreibers Manetho von Sebennytos, der im 3. Jahrhundert v. Chr. lebte, werden die Namen von 330 Pharaonen aus 30 Dynastien aufgeführt, die rund 3000 Jahre lang das fruchtbare Land zu beiden Seiten des Nils regierten. Im benachbarten Vorderasien waren in diesem Zeitraum blühende Weltreiche entstanden und untergegangen – Sumer, Assur, Babylon und viele andere. Ägypten überdauerte sie alle aufgrund seiner günstigen geographischen Lage, seiner straffen, zentralistischen Organisation und nicht zuletzt dank seiner geschickten Außenpolitik, die in der Regel solide Handelsbeziehungen riskanten militärischen Abenteuern vorzog.

Die Vorläufer der ersten Pharaonen waren nordafrikanische Stammeshäuptlinge, deren Macht auf ihren magischen Fähigkeiten als Medizinmänner, Korngötter und Herren der alljährlichen Nilüberschwemmung beruhte. Ihre Herkunft leiteten sie von einem heiligen Tier ab, das sie zugleich als Ahnherrn und Schutzgeist verehrten. Horus, der Himmelsfalke, war einer dieser uralten Tiergötter und schon in archaischer Zeit das Stammeszeichen Oberägyptens.

Serech einer Königin der 1. Dynastie.

Auch die ersten ägyptischen Könige verstanden sich als leibliche Söhne des Himmelsfalken. Nach der Thronbesteigung nahm jeder Pharao einen neuen Namen an, seinen sogenannten Horusnamen, der ihn als Inkarnation dieser Gottheit auswies. Die Königshieroglyphe des Horusnamens wurde in einem Serech dargestellt, einem rechteckigen Rahmen, der den königlichen Palast andeutet, auf dem ein Falke sitzt.

◀ König Narmer, der erste Pharao, mit dem Schurz des Medizinmannes. Detail aus einer Schminkpalette.

Klimatische Veränderungen nach der letzten Eiszeit zwangen die Nomadenstämme, näher zusammenzurücken, um am Wasser siedeln zu können. Der Nil war ursprünglich ein mächtiger Bin-

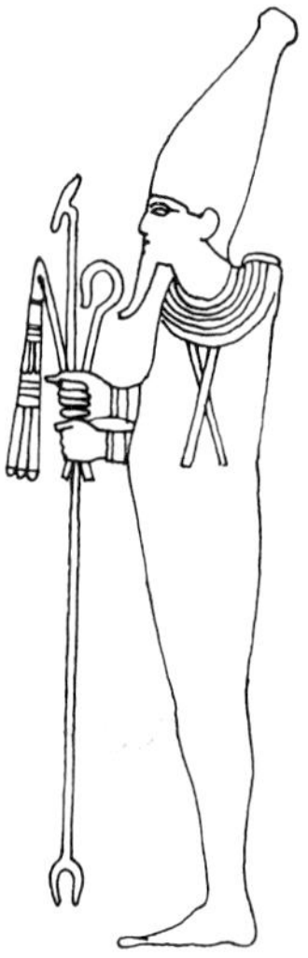

Osiris als Königsmumie.

nensee, der nun langsam austrocknete. Allmählich entstanden größere Ortschaften von komplizierter sozialer Struktur, die eine gut organisierte Verwaltung erforderten. Die frühesten »Monarchen« Ägyptens waren Stadt- und Gaukönige, von deren magischer Kraft das Wohl der Gemeinschaft abhing. Ebenso wie die späteren Pharaonen wurden sie für anhaltende Trockenheit und daraus resultierende Mißernten verantwortlich gemacht.

Nahte das Alter, so wurde der König getötet, um einem Jüngeren, Stärkeren Platz zu machen. Diesen rituellen Königsmord scheint der Mythos von Osiris widerzuspiegeln, einem vermutlich vorgeschichtlichen König aus Abydos in Oberägypten, der eines gewaltsamen Todes starb und als Gott auferstand. Deshalb wurden Königsmumien oft als Osiris dargestellt, mit Krone und Zepter, den Insignien ihrer weltlichen Würde.

Abb. S. 6, 12 u. 20

Die Verschmelzung der Königreiche Ober- und Unterägypten war ein langwieriger Prozeß. Schon vor der endgültigen Reichseinigung gab es Herrscher, die für kürzere oder längere Zeit die Doppelkrone beider Länder trugen. Die berühmte Palette des Narmer feiert den Sieg dieses Fürsten über Unterägypten um das Jahr 2900. Ein halbes Jahrhundert später beginnt die geschichtliche Zeit mit einem gewissen Menes, dem anscheinend ersten König der 1. Dynastie.

Der falkenköpfige Horus.

Die Spekulationen der Ägyptologen über die Frage, ob Narmer möglicherweise mit Menes identisch ist, dauern bis heute an. Der Name Menes (oder Meni) ist nur aus den Königslisten des Manetho bekannt. In ihnen wurden die Herrscher mit ihren Geburtsnamen verzeichnet, auf den Kunstdenkmälern wird dagegen in der Regel ihr Horusname wiedergegeben. Narmer könnte nun durchaus der Horusname des Königs Menes sein, denn obwohl kein anderes Land der Antike archäologisch so gut erforscht ist wie Ägypten, kamen zwar verschiedene Funde mit dem Hinweis auf Narmer zutage, aber kein einziger mit dem Namen Menes. Auch das Grab dieses mutmaßlichen Begründers der 1. Dynastie blieb bis heute unauffindbar, während dem Münchener Archäologen Hans Wolfgang Müller im Sommer 1978 die Entdeckung des Narmer-Grabes im Ostdelta des Nils glückte.

Zum Zeitpunkt der Reichseinigung hatten die halbnomadischen Hirtenstämme Oberägyptens und die seßhafte Ackerbaugesellschaft Unterägyptens erstaunliche Fortschritte gemacht. Im 6. und 5. Jahrtausend war die »neolithische Revolution« – die Sicherung der Versorgung mit Nahrungsmitteln durch Tierzucht und Anbau von Nutzpflanzen – nach Ägypten vorgedrungen. Alle

Haustiere sowie die Grundkenntnisse des Ackerbaus waren aus Asien eingeführt worden, und sehr früh gesellte sich der zahme Hirtenhund zu den Schaf-, Ziegen-, Rinder- und Schweineherden. Im 4. Jahrtausend wurde der rote libysche Wildesel domestiziert. Man benutzte ihn als Reittier, Lastenträger und zum Dreschen des Getreides. Auch die Bienenzucht war um diese Zeit schon bekannt.
Die reichen Gersten- und Weizenernten ermöglichten bald eine planvolle Vorratshaltung. In großen Getreidesilos bewahrte man den Überschuß für Notzeiten auf. Früchte und zahlreiche Gemüsesorten ergänzten die tägliche Nahrung. Nach der Lösung des lebenswichtigsten Problems, der Bekämpfung des Hungers, konnte man sich jetzt den »Luxus« der Spezialisierung auf eine Reihe gewerblicher Berufe leisten. Töpfer, Weber und Korbflechter, Gerber, Färber, Knochen- und Elfenbeinschnitzer sowie Hersteller von Werkzeugen und Waffen wurden von den Nahrungsmittelproduzenten in Naturalien entlohnt.
Schon in der Frühphase der vordynastischen Zeit wurde der Gesteinsbohrer entwickelt, mit dessen Hilfe selbst kleine Halbedelsteine durchlocht werden konnten. Diese ägyptischen Perlen scheinen ein begehrter Exportartikel gewesen zu sein. Man fand sie sogar in irischen Großsteingräbern aus dem 5. Jahrtausend. Prähistorische Handelsbeziehungen bestanden vorwiegend zu Asien und den Mittelmeerinseln. Die Waren wurden hauptsächlich mit Schiffen transportiert. Aus Afghanistan führten die Ägypter Lapislazuli ein, aus Abessinien kam Obsidian ins Land, aus dem Libanon Zypressen- und Tannenholz und aus Syrien Pflanzenöle, Pech, Wein und Honig. Die wichtigsten ägyptischen Exportartikel waren Möbel, Alabaster und Tongefäße.
Aus dem 5. Jahrtausend stammt die Merinde-Kultur am Westrand des Nildeltas und im nördlichen Faijum. Die Jäger und Akkerbauern dieser Epoche wohnten in ovalen Hütten aus Lehm und Rohrgeflecht. Sie besaßen bereits Kornspeicher und Haustiere, schnitten Weizen und Gerste mit Feuersteinsicheln und bestatteten ihre Toten innerhalb der Dörfer.
Gleichzeitig entstand in Oberägypten die Tasa-Kultur der nomadischen Hirtenvölker, in der die ersten Schminkpaletten auftreten. Sie wurden meist aus Schiefer gefertigt und zum Zerreiben der grünen Augenschminke aus Malachit oder Kupferspat benutzt. Dieses Augen-Make-up diente übrigens weniger kosmetischen oder gar magischen Zwecken als vielmehr dem Schutz vor der ägyptischen Augenkrankheit, die oft zur Erblindung führte.

Jagdszene von einer prädynastischen Schminkpalette (um 3200 v. Chr.).

In der anschließenden oberägyptischen Badari-Kultur wurden die Toten erstmals außerhalb der Siedlungen auf Friedhöfen beigesetzt. Träger dieser um 4200 zu datierenden Kulturperiode waren kleine, grazile Afrikaner mit schmalen Schädelformen, die rege Handelsbeziehungen unterhielten und zur See fuhren. Sie schnitzten zierliche Statuetten und Löffel aus Elfenbein, trugen Schmuck aus Kupfer, Quarz und Perlmutt und waren wahrscheinlich tätowiert.

Abb. S. 18

Als direkter Vorläufer der ägyptischen Hochkultur aber ist die Negade-Epoche zu betrachten, die von 3600 bis 3200 ihr Zentrum südlich von Abydos hatte. Sie breitete sich zunächst nach Süden aus, und zwar bis nach Nubien. Später erstreckte ihr Einfluß sich im Norden bis nach Memphis und griff schließlich aufs Nildelta über. Auch die Negade-Leute waren afrikanischen Ursprungs. Für Werkzeuge und Waffen verwendeten sie Kupfer an Stelle von Feuerstein, auch Gold und Silber wurde bereits verarbeitet. In Hierakonpolis, der Falkenstadt, fand man eine Grabanlage mit den ersten Wandmalereien auf einer aus Lehmziegeln errichteten Mauer.

Das Hauptthema der graphischen Kunst dieser Zeit waren verschiedene Schiffstypen mit Standarten, woraus sich die wachsende Bedeutung des Handelsverkehrs auf dem Wasserweg ersehen läßt. Der Inlandhandel in dem 6000 Kilometer langen, fruchtbaren Streifen zu beiden Seiten des Nils, der insgesamt etwa die Größe Belgiens besitzt, ließ sich ohne Nutzung der wichtigsten Verkehrsader des Landes kaum bewältigen. In Richtung Unterägypten kam dem Schiffer die Flußströmung zu Hilfe, auf dem Rückweg der stetige Nordwind. Die kleineren Nilboote wurden

aus Bündeln der Papyrusstaude gebaut, für die größeren und vor allem für die seetüchtigen Schiffe importierte man das Bauholz aus Nubien. Die älteste Darstellung eines Segelbootes stammt von einem ägyptischen Vasenbild aus der Zeit um 3200.
Wir wissen nicht, in welcher dieser frühen Kulturen zum erstenmal so großartige Projekte in Angriff genommen wurden wie die Eindämmung des Nils und der Bau eines regelrechten Netzes von Kanälen und Gräben, die das Wasser auf die Felder leiteten. Tatsache ist jedenfalls, daß den gewaltigen Bewässerungsanlagen der frühdynastischen Zeit durchaus schon vergleichbare technische Leistungen vorangingen, die ein hohes Maß an sozialem Bewußtsein und organisiertem Zusammenspiel der Kräfte zum gemeinsamen Wohl voraussetzten.
Der Ausbau der Handelsbeziehungen zu Vorderasien und Mesopotamien fiel zusammen mit einer Einwanderungswelle von Volksstämmen aus dem Norden mit breiten Schädelformen, die

Zwei weibliche Terrakottafigürchen: Zeugnisse der Negade- und der Badari-Kultur (27 bzw. 8,8 cm hoch).

vermutlich aus Anatolien oder Syrien stammten. So wurde die relative Isolierung Ägyptens weitgehend aufgehoben, kulturelle Anregungen aller Art strömten ins Land und förderten die Entwicklung einer Bronzekultur von hohem Niveau.
Gleichzeitig änderte sich das politische Klima. Autokratische Gaue und Stadtstaaten in Ober- und Unterägypten schlossen sich zusammen, und bald trugen die stärksten unter ihnen miteinander blutige Fehden um die Vorherrschaft aus. Die stärksten Impulse zur Vereinigung des ganzen Landes unter einer einzigen Autorität gingen zweifellos von Oberägypten aus. Die an einen harten Lebenskampf gewöhnten Nomadenkulturen suchten den Anschluß an das reiche Nildelta mit den blühenden Handelszentren Buto und Sais.

Pharao Narmer, von Höflingen und Standartenträgern umgeben, wohnt der Hinrichtung Gefangener bei.

Abb. S. 6, 12 u. 20

Die bereits erwähnte Narmer-Palette aus dem Beginn der historischen Zeit um das Jahr 3000 schildert den Sieg des oberägyptischen Königs über Buto. Der Text – die Hieroglyphenschrift war gerade erfunden worden – berichtet, der Horusfalke des Königs habe 6000 Gefangene gemacht. Narmer trägt den Schurz des Medizinmannes, aus dem sich das spätere Königsornat entwickelte, dazu, auf der Rückseite der Palette, die rote Krone Oberägyptens, auf der Vorderseite dagegen die weiße Krone Unterägyptens. Damit dokumentiert er seinen Anspruch auf die Herrschaft über das gesamte Reich. Die beiden Köpfe der unterägyptischen Muttergöttin Hathor mit dem Kuhgehörn deuten die künftige Verschmelzung ober- und unterägyptischer Kulte an, in deren Verlauf Hathor zur Mutter und Gattin des Horusfalken wird.

Prunkpaletten wie diese wurden allerdings nie tatsächlich zum Zerreiben von Schminke benutzt.
Zeugnis von langwierigen kriegerischen Auseinandersetzungen zwischen dem Norden und dem Süden legt das Relief auf einem steinernen Keulenkopf ab, das den Sieg des oberägyptischen Königs Skorpion feiert. Im Hintergrund stehen Standarten, an denen tote Kiebitze hängen. Sie sind das Symbol der Kiebitz-Leute, die noch in historischer Zeit erwähnt werden und wahrscheinlich im Deltagebiet zu Hause waren. Der Kiebitz wurde übrigens in der Folgezeit zum ägyptischen Seelenvogel. König Skorpion begnügte sich noch mit der Krone Oberägyptens; sein Sieg über die Kiebitze verlieh ihm offenbar noch nicht die Herrschaft über ganz Unterägypten.
Für die Identität Narmers mit Menes, dem ersten Pharao der Königslisten, spricht auch der Fund einer schönen Alabasterfigur in Gestalt eines Pavians mit dem Namen des Königs Narmer. Die früh- und wohl auch vorgeschichtliche oberägyptische Königsgottheit des Pavians, des »Großen Weißen«, spielte in der 1. Dynastie eine bedeutende Rolle. Es liegt nahe, daß schon ihr Begründer den Affengott in seinen Kult aufnahm.

Nachzeichnung eines Keulenkopfes aus dem Besitz des Königs Skorpion mit erhängten Kiebitzen.

Pavian mit der Namenskartusche Narmers.

Von Menes wird berichtet, daß er seine Residenz nach Memphis verlegte, die Stadt mit einer weißgeschlämmten Mauer befestigte und mit einem gewaltigen Dammbau vor Überschwemmungen schützte. Südlich der Mauer ließ er dem memphitischen Stadtgott Ptah einen Tempel errichten. Ptah wurde hier als Schöpfer der Welt verehrt, später galt er als Schutzgott der Künstler. Die Griechen setzten ihn deshalb mit Hephaistos gleich. Über das Ende des ersten ägyptischen Pharaos schreibt der Weltchronist Julius Africanus aus Jerusalem lakonisch: »Er wurde von einem Nilpferd davongetragen und ging zugrunde.« Starb Menes vielleicht bei einem Jagdunfall?

Etwa zur Zeit der politischen Einigung des Reiches entstanden auch die wichtigsten Grundlagen der ägyptischen Hochkultur. Die Schrift, dieses unentbehrliche Medium der Verständigung und Information, wurde erfunden und diente seit Beginn der Pharaonenzeit zur Fixierung bedeutender historischer Ereignisse. Parallel entwickelte sich die kunstvolle Herstellung eines haltbaren Schreibmaterials aus der Rinde der Papyrusstaude. Man rechnete bereits mit Hilfe des Dezimalsystems und führte einen Kalender ein, auf dessen Grundlage noch der heute geltende basiert.

Das ägyptische Jahr hatte 365 Tage und begann mit dem Höchststand des Nils, der mit dem Aufgang des Sothissterns, unseres Sirius, zusammenfiel, zunächst jedenfalls. Da die Ägypter aber kein Schaltjahr kannten – der einzige Fehler in diesem verblüffend einfachen System –, ergab sich alle vier Jahre eine Zeitverschiebung um einen Tag.

Das Jahr wurde in 12 Monate zu 30 Tagen unterteilt, die restlichen 5 Tage lagen am Jahresende. Es gab drei Jahreszeiten zu je vier Monaten: die Überschwemmung von Juni bis September, die Aussaat von Oktober bis Januar und die Ernte von Februar bis Mai. Als Beginn der ägyptischen Zeitrechnung wird heute im allgemeinen das Jahr 2772 bezeichnet, andere Wissenschaftler führen ihn sogar auf das Jahr 4221 zurück, also in die Zeit der prähistorischen Badari-Kultur.

Die Regierungsjahre der einzelnen Könige wurden seit der 2. Dynastie gezählt, und zwar nach der alle zwei Jahre fälligen Viehzählung im gesamten Reich. Die Viehsteuer war eine der wichtigsten Einnahmequellen des Staates. Um 2900 errechnete man einen Bestand von 400 000 Stück Großvieh und 1,4 Millionen Stück Kleinvieh.

Im 3. Jahrtausend gab es in Ägypten bereits zahme Antilopen- und Gazellenherden. Eine hübsche antike Fabel berichtet von einer Gazelle, die den kleinen Hundsstern, den Sirius also, beim Aufgang so anblickte, als ob sie ihn anbetete. Eine Parallele zu dieser weitverbreiteten Vorstellung von der Frömmigkeit der Tiere bilden die Darstellungen von Pavianen, die mit erhobenen Vorderpfoten die aufgehende Sonne begrüßen.

Der Anspruch des Gottkönigs auf beide Teile des Reiches, der sich schon auf der Narmer-Palette manifestiert, wurde theologisch weiterhin abgesichert. Zu den Symbolen des Pharaos gehörte die unterägyptische Schlangen- und Fruchtbarkeitsgöttin Uto, die später Uräus genannt wurde, ebenso die oberägyptische Geiergöttin Nechbet. Als die beiden Herrinnen wurden sie zum Sinnbild der Doppelmonarchie am Nil. Die gleiche Funktion übernahmen die Biene für Oberägypten und die Binse für Unterägypten.

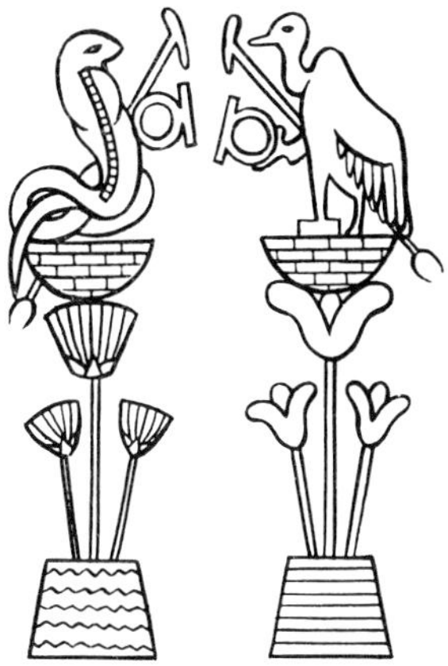

Die Schlangengöttin Uto und die Geiergöttin Nechbet.

Relief mit Biene und Binse, den Symbolen der Doppelmonarchie Ober- und Unterägypten.

Auch zu den vordynastischen Stierkulten im Deltagebiet wurde der Pharao in Beziehung gesetzt. Als Sohn des göttlichen Stiers verehrt, stellte man ihn in der Frühzeit oft direkt in der Gestalt des mächtigen Tieres dar. So ist der Stier von der Narmer-Palette, der mit den Hörnern eine Stadtmauer einstößt, mit dem König identisch. Der Stierschwanz, der zum Königsschurz gehörte, wies den Herrscher als »starken Stier« aus.

Oberägypt. Krone | Unterägypt. Krone | Doppelkrone | Atefkrone des Osiris | Chepresch-Krone

Abb. auf der Titelseite

Zu den Insignien der Königswürde gehörten Krummstab und Geißel. Der Krummstab – das Zepter – entstand aus dem nomadischen Hirtenstab, während die Geißel, ein kurzer Stab mit zwei oder drei herabhängenden Perlenschnüren, als Hirtenpeitsche oder auch als Fliegenwedel gedeutet wird.
Die unterägyptische Krone mit der Uräusschlange und die oberägyptische Krone mit dem Geierkopf wurden zur Doppelkrone verschmolzen. Unter der Regierung Snofrus, des Begründers der 4. Dynastie, taucht zum erstenmal die Doppelfederkrone mit zwei aufrecht stehenden Straußenfedern auf. Die Königin trug oft die Geierkappe der oberägyptischen Göttin Nechbet. Nur den Göttern und Pharaonen kam es zu, eine Krone zu tragen.
Das Zeremoniell am Hofe der ersten Pharaonen war so starr wie noch nach 2500 Jahren unter dem Perserkönig Darius zu Zeiten Alexanders des Großen. Jedermann mußte sich »im Angesicht des Gottes« zu Boden werfen; als seltenes Privileg galt es, die Erde vor den Füßen des Königs oder gar seinen Fuß küssen zu dürfen.
Die Nachfolger der alten Medizinmänner und Magier hatten viel gelernt. Ihr politischer Machtanspruch war unumstritten, ihre Göttlichkeit stand außer Zweifel. Gewaltige Aufgaben lagen vor ihnen. Bald sollten die ersten Pyramiden im Wüstensand erstehen, gigantische Zeugen einer noch heute unerklärlichen technologischen Meisterschaft. Nur ein perfekt organisiertes, einheitliches Staatswesen konnte die Planung und Durchführung derart schwindelerregender Großbauprojekte gewährleisten.

▶ Pharao – »das große Haus«: Symbol der Macht im Diesseits wie im Jenseits. Wiedergabe einer Palastfassade auf einem Kalksteinsarkophag der 5. Dynastie aus Giseh (254 cm).

◀ Szenen aus dem Alltag der archaischen Bevölkerung Ägyptens: Ruderboot mit Bootshaus, Hirten, Widder mit dem typischen Spiralgehörn und eine Tänzerin auf einem Tongefäß vom Ende des 4. Jahrtausends.

Der Gründung des Ägyptischen Reiches gingen erbitterte Kämpfe zwischen den Machthabern Ober- und Unterägyptens voraus.

▶ Kurz vor der Vereinigung beider Landesteile regierte ein König Skorpion, dessen Bild einen Streitkolben ziert.

▼ Szene aus der »Schlachtfeldpalette« vom Ende des 4. Jahrtausends. Der siegreiche König als Löwe.

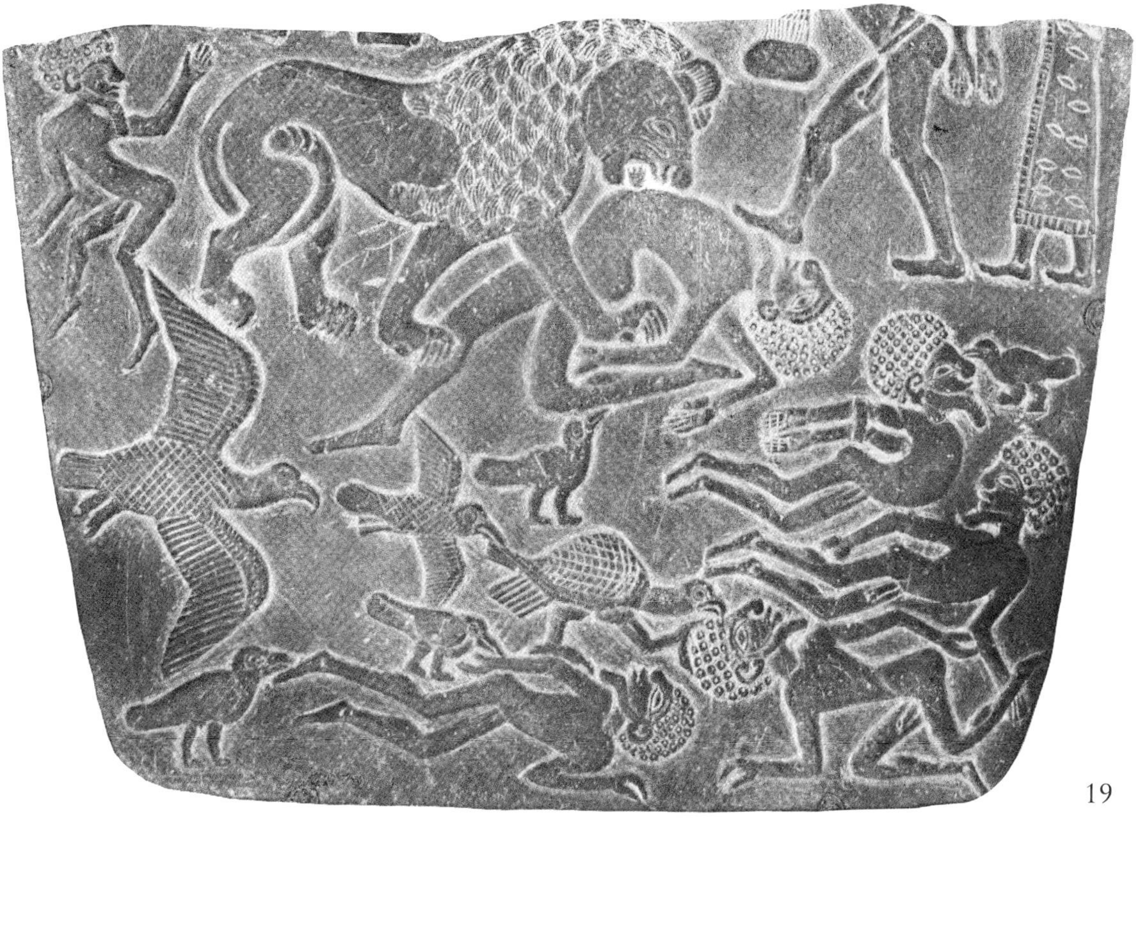

Linke Seite: Um 3000 enstand die Schminkpalette des ersten Pharaos, Narmer. Die Rückseite zeigt den »Reichseiniger« mit der oberägyptischen Krone, im Begriff einen Feind zu erschlagen.

◀ Aus dem Grab des Königs Djet (»Schlange«) stammt dieses Elfenbeintäfelchen mit einer der ältesten Hieroglypheninschriften. Darunter: Frühe »realistische« Reliefdarstellung eines Kriegers.

▼ Grabstele des Djet in Form eines Serechs mit der vom Horusfalken gekrönten Palastfassade (Kalkstein, 145 cm).

▶ Granitstatue des Priesters Hetepdief. Auf seiner Schulter sind die Namen der ersten drei Könige der 2. Dynastie eingraviert: Hetep-sechemui, Neb-Re und Nineter. Rechts daneben: Chasechemui, der letzte Pharao der 2. Dynastie. Darunter: Das leer aufgefundene Grab des Königs Peribsen in Abydos (2. Dynastie).

Porträt eines unbekanten Königs der 1. Dynastie mit der Krone Oberägyptens. Die nur 8,5 cm hohe Elfenbeinstatuette wurde in Abydos gefunden.

Zwei nahezu unversehrt erhalten gebliebene Holzreliefs (114 cm) aus dem Mastabagrab des Hofbeamten Hesire in Sakkara (3. Dynastie).

▼ Der Grabherr mit Würdenzeichen und Schreibgerät in den Händen.

◀ Hesire mit Löckchenperücke vor dem Speisetisch.

▶ Und hier sein Dienstherr: Das steinerne Sitzbild des Pharaos Djoser aus seiner Grabanlage in Sakkara ist die älteste lebensgroße Skulptur der ägyptischen Kunst, die wir kennen.

▼ König Djoser beim Kultlauf, einer Zeremonie anläßlich von Krönungsjubiläen. Kalksteinrelief von einer Scheintür im Grabbezirk des Pharaos.

▶ Noch nach 2500 Jahren, in ptolemäischer Zeit, war die Erinnerung an eine sieben Jahre währende Hungersnot lebendig, die das Land unter der Regierung des Djoser heimgesucht hatte. Man widmete ihm auf der Nilinsel Sehel diese »Hungerstele«. Rechts unten: In dieser Kammer fand man das Sitzbild König Djosers. (Siehe auch Abb. Seite 25.)

Djosers genialer Architekt Imhotep errichtete bei Sakkara die erste Pyramide Ägyptens. Sie steigt stufenförmig und sechs Terrassen bildend bis zu einer Höhe von 61 m an. Links eine in jüngster Zeit restaurierte Kapelle.

▼ Blick in den Grabbezirk des Djoser. Eine monumentale Eingangskolonnade führt in den Kobrahof, so benannt nach dem ◀ Fries mit den heiligen Schlangen an den Fassaden. ▶ König Huni begann mit dem Bau der Stufenpyramide von Medum, die zur Zeit seines Nachfolgers Snofru einstürzte.

II Die Pyramidenbauer

Die eigentlichen Wahrzeichen der an originalen Schöpfungen so reichen ägyptischen Kultur, die Pyramiden, entstanden in einem Zeitraum von knapp 200 Jahren. Schon in der Antike gehörten sie zu den vielbestaunten Sieben Weltwundern. König Djoser, der Begründer der 3. Dynastie, eröffnete mit der gewaltigen Stufenpyramide von Sakkara das Zeitalter des Pyramidenbaus. Und in der 4. Dynastie »erstrahlten dann die ersten Pyramiden mit glatt geböschten, polierten Wänden wie Riesenkristalle unter der Sonne Afrikas«.[1*]

Die folgenden Pharaonen begnügten sich, sofern sie überhaupt noch Pyramiden errichteten, mit vergleichsweise kleinen, bescheidenen Ausführungen in Ziegelmauerwerk. Der Ägyptologe Walther Wolf meint, daß »die Rolle des Königtums sich geradezu an der Größe der Pyramiden ablesen läßt«[2]. Nur auf dem Höhepunkt seiner Macht konnte der Pharao alle verfügbaren Kräfte des Volkes für derart gigantische Monumentalbauten einsetzen.

Hatten sich die Pyramiden – der Name stammt kurioserweise von dem griechischen Wort *pyramis* ab, der Bezeichnung für einen spitzen Kuchen – aus den schlichten Sandhügeln entwickelt, die schon in prähistorischer Zeit die Gräber der Ägypter bedeckten, so war die Technik dieser aus Ziegeln gemauerten Königsgräber der beiden ersten Dynastien dem Hausbau entlehnt. Die reich gegliederte Nischenarchitektur der sogenannten Mastabas stellte eine Stilisierung der aus Holz, Flechtwerk und Matten errichteten Gehöfte mit mehreren Eingängen dar, denen auch die Fassaden der königlichen Paläste entsprachen. Mastabagräber dienten später der Prominenz als letzte Ruhestätte, während die Pyramiden allein den Pharaonen vorbehalten blieben. Neben die echten Königsgräber, meist in Sakkara, treten bereits in der 1. und 2. Dynastie die königlichen Scheingräber in Abydos, denn jeder Pharao mußte ein Grab in Unter- und eines in Oberägypten besitzen. Auf unversöhnliche Feindschaft zwischen den Königshäusern der 1. und 2. Dynastie läßt die Tatsache schließen, daß alle Gräber der

Abb. S. 24, 55, 59-61

◀ Die Pyramiden der großen Pharaonen Mykerinos, Chephren und Cheops im Wüstensand von Giseh. Davor kleinere Pyramiden als Grabstätten von Familienangehörigen.

*Die hochgestellten Ziffern beziehen sich auf die entsprechenden Nummern der »Zitatnachweise« im Anhang des Buches, S. 265.

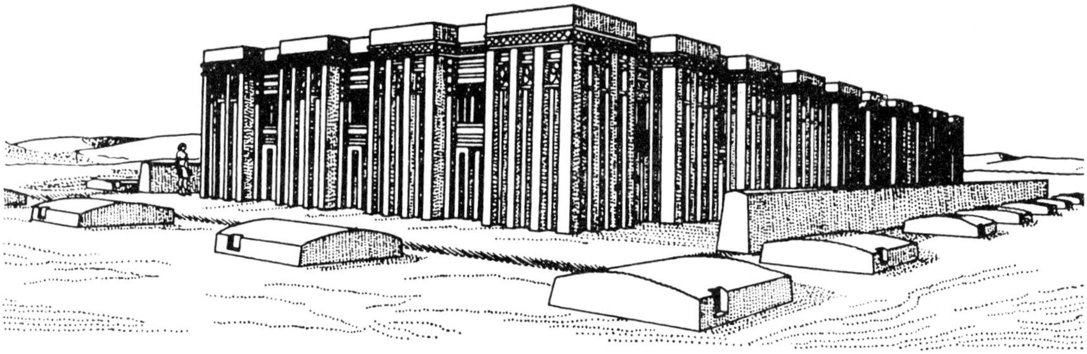

Rekonstruktion eines Mastabagrabes der 1. Dynastie in Sakkara.

1. Dynastie absichtlich durch Feuer zerstört wurden, und zwar sowohl in Abydos als auch in Sakkara. Fast möchte man an einen Bruderzwist denken, denn beide Königsfamilien stammten aus dem oberägyptischen Thinis in der Nähe von Abydos und werden deshalb unter dem Namen »Thiniten« zusammengefaßt.
Die Datierung dieser Frühzeit des ägyptischen Pharaonenreichs ist äußerst schwierig und bis heute umstritten. Die Herrschaft der 1. Dynastie begann vermutlich zu Beginn des 3. Jahrtausends, das Ende der 2. Dynastie wird von den Ägyptologen in der Regel um 2650 angesetzt. Die Thiniten hätten demnach etwa 300 Jahre lang geherrscht. In den Königslisten des Manetho wird ihnen allerdings ein Zeitraum von 550 Jahren zugestanden.
Die ersten Pharaonen gehörten, auch hierin getreue Nachfahren der Medizinmänner, zu den bedeutendsten Gelehrten ihrer Zeit. Wenn es heißt, sie bauten Tempel, Pyramiden, Dämme und Bewässerungsanlagen, so ist das zwar nicht wörtlich zu nehmen – denn abgesehen von dem gewaltigen Heer von Facharbeitern und Hilfskräften beschäftigten sie selbstverständlich hervorragende Architekten und Ingenieure –, aber sie scheinen durchaus in der Lage gewesen zu sein, Baupläne, statische Berechnungen und architektonische Modelle nicht nur zu verstehen, sondern auch zu beurteilen. So berichtet Julius Africanus beispielsweise über König Aha, den zweiten Pharao der 1. Dynastie: »Er baute den Palast in Memphis. Seine Bücher über Anatomie sind heute noch vorhanden, denn er war Arzt.«[3]
Einen interessanten Hinweis auf die kluge, von staatspolitischen Interessen diktierte Heiratspolitik der ersten Pharaonen liefert der Fund eines Siegelabdrucks mit dem Namen der Gemahlin Ahas, die sich Neith-hotep nannte. Da Neith als Muttergottheit der unterägyptischen Stadt Sais bekannt ist, darf man vermuten, daß

König Aha eine saïtische Prinzessin heiratete, um dadurch seine Stellung als Herrscher über Unterägypten zu festigen.
Semerchet, der vorletzte Pharao der 1. Dynastie, unternahm erfolgreiche Feldzüge gegen Beduinenstämme im Sinai zur Sicherung der ägyptischen Vorherrschaft im Gebiet der ertragreichen Kupfer- und Türkisminen. Ein direkt in den Felsen geschlagenes Relief zeigt den siegreichen Pharao. Es wurde nicht weit von der Hathorgrotte gefunden, wo später ein großer Tempel entstand. Hathor wurde hier als »Herrin der Türkise« verehrt.
Der Übergang von der 1. zur 2. Dynastie scheint in einer Zeit des Aufruhrs, der Anarchie erfolgt zu sein, und auch im weiteren Verlauf ging es in innenpolitischen Fragen nicht immer reibungslos zu. So wandte der Pharao Peribsen, obwohl ein Abkömmling des göttlichen Horusfalken wie alle frühen Könige seit Narmer, sich plötzlich aus ungeklärten Gründen dessen Gegenspieler Seth zu, dem oberägyptischen Lokalgott von Ombos bei Negade. Das zoologisch nicht genau zu bestimmende Seth-Tier erhielt auf dem königlichen Serech den angestammten Platz des Horus.

Abb. S. 23

Seth, der Wüstengott und Herr der Metalle, spielte im Osiris-Mythos die Rolle des Horus-Feindes. In der Sage trug Horus schließlich den Sieg über Seth davon, und auch die sogenannte Seth-Revolution endete mit einer Niederlage. Chasechemui, dem letzten König der 2. Dynastie, gelang es offenbar, einen Ausgleich herbeizuführen. Als wichtigstes Indiz dafür gilt das Serech des Pharaos. Hier stehen sich der Horusfalke und das Seth-Tier friedlich gegenüber, beide tragen die königliche Doppelkrone.
Mit der folgenden, der 3. Dynastie, deren Herrscher aus Memphis stammten, begann das Alte Reich und damit die eigentliche Geschichte der ägyptischen Hochkultur. Die Voraussetzungen, einen reibungslos funktionierenden Verwaltungsapparat mit einer breiten Schicht fähiger, gutgeschulter Beamter, verdankten die neuen Pharaonen den Pionierkönigen der dynastischen Frühzeit von Menes bis Chasechemui.

Der Wüstengott Seth.

Die genaue Reihenfolge der Pharaonen der 3. Dynastie, die ab 2650 regierten, ist ebenso ungesichert wie die Zugehörigkeit einzelner Herrscher zu diesem Königshaus. Von einem Pharao namens Chaba beispielsweise wissen wir nicht mehr, als daß er die zweite Pyramide von Abu Gurab südlich von Giseh erbaut haben soll. Mit Sicherheit aber gehört eine überragende Herrscherpersönlichkeit in diese Epoche – Djoser, der Pharao, der die erste Pyramide errichten ließ.

Abb. S. 25-27

Ihm stand ein unübertrefflicher Ratgeber zur Seite, der Wesir und

Der weise Imhotep, Staatsmann und Pyramidenbauer, als Gott verehrt.

Oberbaumeister Imhotep, der gleichermaßen als Arzt und Weiser berühmt und später in ganz Ägypten als Gott verehrt wurde. Die Griechen setzten ihn dem Asklepios gleich, dem Gott der Heilkunst. Imhotep wird die Erfindung des monumentalen Steinbaus zugeschrieben, den die Ägypter dieser Zeit höchstwahrscheinlich unabhängig von irgendwelchen Vorbildern entwickelten.
Um Funktion und Bestimmung der Pyramiden, dieser mächtigen Wahrzeichen der schöpferischen Kraft eines ganzen Volkes, ranken sich zahllose Theorien. Die einen wollen ihnen jegliche Bedeutung über die eines ins Gigantische gesteigerten Totenkults hinaus absprechen, andere sehen in ihnen Manifestationen einer verlorengegangenen Geheimwissenschaft. Die Wahrheit dürfte in der Mitte liegen. Die Grabstätte des göttlichen Pharaos war zugleich ein Kultzentrum und diente damit der Stärkung des Gefühls der Zusammengehörigkeit zwischen den Staatsbürgern unterschiedlicher Provenienz. Darüber hinaus darf man sie jenseits aller abenteuerlichen Spekulationen mit gutem Recht als »Denkmäler einer neuen Gesellschaftsordnung«[4] bezeichnen.
Unter Imhoteps Leitung entstand in Sakkara die erste Pyramide. Sie war ursprünglich 60 Meter hoch und besitzt 6 Stufen. Das Baumaterial besteht aus kleinen, ziegelförmig aufgeschichteten Kalksteinen. Da die Pyramide Djosers noch keinen quadratischen, sondern einen rechteckigen Grundriß besitzt, wird sie oft auch als Stufenmastaba bezeichnet. Tief unter der Pyramide wurden die Grabkammern für den König, die Königin und elf seiner Familienangehörigen in den gewachsenen Fels gehauen. Die Innenwände der Grabräume waren mit blauen Kacheln aus ägyptischer Fayence geschmückt, die aus einem Quarzkern und einer dünnen Glasur von stark kieselsaurem Glas besteht.

Abb. S. 28/29

Die gesamte Grabanlage Djosers, deren Mittelpunkt die Stufenpyramide bildet, wird von einer 10 Meter hohen Mauer umschlossen, die 13 Scheintore und einen echten Zugang besitzt. Der große Innenhof, in dem die Feierlichkeiten zu den Regierungsjubiläen des Pharaos stattfanden, wird von Kapellen für verschiedene Götter gesäumt. An der Nordseite der Pyramide liegt ein königlicher Palast, in dessen Tiefe eine steinerne Sitzstatue Djosers gefunden wurde, das erste lebensgroße Bildwerk der ägyptischen Kunst.

Abb. S. 30

Die zahlreichen übrigen Gebäude und Räume – für Verwaltungs-, Wirtschafts- und Lagerzwecke – erwiesen sich als unzugängliche Scheinbauten. Das heißt: Der gesamte Komplex stellt eine perfekte Nachbildung des königlichen Hofes in Memphis

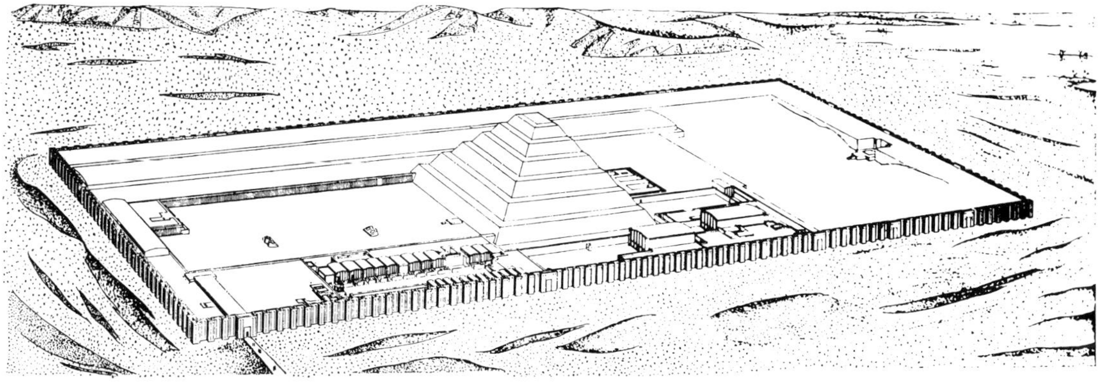

Der Grabbezirk König Djosers mit der Stufenpyramide im Zentrum.

dar, mit Ausnahme der Pyramide natürlich. Dieses erste Großbauprojekt Ägyptens, das ganz aus Stein errichtet wurde, rief in der Antike die gleiche Bewunderung für die atemberaubende Leistung der alten Ägypter hervor wie bei den heutigen Besuchern, wenn sie auch nur noch vor einem Ruinenfeld stehen.

Von Djosers großem Tempel für die neun Götter von Heliopolis, dem Zentrum eines uralten Sonnenkults, blieb kaum etwas erhalten. Ein Relief mit der Darstellung des Erdgottes Geb kann uns immerhin einen Eindruck von der faszinierenden Aussagekraft der Bildhauerarbeiten dieser Zeit vermitteln. Mit der Himmelsgöttin Nut zeugte Geb die Sonne und wurde so zum Vater der göttlichen Söhne der Sonne. Seine irdische Herrschaft übertrug er dem Pharao, der sich deshalb auch »Erbe des Geb« nennt.

Erst vor 30 Jahren gelang dem ägyptischen Wissenschaftler Zakaria Goneim die Entdeckung der vom Sand begrabenen Pyramide von Djosers Nachfolger Sechem-chet. In der Grabkammer stand ein wunderschön gemaserter Alabastersarkophag mit einer Schiebetür an Stelle des üblichen Deckels. Zur Enttäuschung der Ausgräber war der Sarg jedoch leer und wies nicht die geringsten Spuren einer ehemaligen Benutzung auf.

Goneim sprach die Vermutung aus, daß es sich um ein rituelles Grab handelte, in dem man die königliche Plazenta bestattet hatte, die als totgeborener Zwillingsbruder des Pharaos betrachtet wurde, als sein Ka, »sein zweites Ich im Leben und sein Beschützer im Tode«[5]. Diese reizvolle These bietet zugleich eine Erklärung dafür an, daß einerseits auch in anderen Gräbern verschiedentlich leere Sarkophage gefunden wurden, andererseits einige Pharaonen wie etwa Snofru sich gleich zwei Pyramiden errichten ließen.

Zu einer Katastrophe von »unvorstellbarem Ausmaß« kam es nach Ansicht des englischen Physikers Kurt Mendelssohn beim

Bau der sogenannten Stufenpyramide von Medum. Der Böschungswinkel von rund 54 Grad war aufgrund eines Fehlers in Abb. S. 31 der Berechnung zu steil, und noch vor der Vollendung des unter König Huni am Ende der 3. Dynastie begonnenen Bauwerks stürzte es ein.

Die Pyramide sollte ursprünglich acht Stufen haben und einen glatten Mantel aus feinem Kalkstein erhalten, der die einzelnen Stufen verbarg. Nach dem Einsturz ließ man den unvollendeten Bau liegen. Noch immer kann man die gigantische Ruine inmitten eines Trümmerberges besichtigen. Die drei unteren Stufen blieben erhalten, die heutige Höhe beträgt 38 Meter.

Zur Zeit des Unglücks von Medum regierte bereits ein neuer Pharao, Snofru, der Begründer der 4. Dynastie. Diesmal erfolgte die Ablösung eines Herrscherhauses durch ein anderes auf friedliche Weise. Der beste Beweis dafür ist, daß Snofru die Pyramide seines Vorgängers Huni, der vermutlich sogar sein Schwiegervater war, vollenden lassen wollte.

Königin Hetep-heres, Snofrus Gemahlin, trug den Titel »Tochter des Gottes«. Sie war also wohl eine Tochter des um 2575 verstorbenen Huni. Wenn kein männlicher Erbe vorhanden war, scheinen das gesamte Königreich und sein Thron zur Mitgift der Kronprinzessin gehört zu haben. Oft heiratete dann ein Halbbruder, der Sohn einer Nebenfrau oder Konkubine, die Reichserbin und wurde durch diese Ehe zum Pharao. In den Kindern aber lebte das Blut des alten Gottkönigs weiter. Noch bevor die Huni-Pyramide zusammenbrach, hatte Snofru südlich von Sakkara mit dem Bau seiner eigenen Pyramide begonnen, wieder mit dem gefährlich steilen Böschungswinkel von $54^{1}/_{2}$ Grad. Die Hiobsbotschaft von Medum führte zu einer Änderung der Baupläne. Auf halber Höhe wurde der Winkel auf $43^{1}/_{2}$ Grad gesenkt. So entstand die berühmte Knickpyramide von Dahschur.

In keiner der Grabkammern wurde der Sarkophag des Pharaos gefunden, ebensowenig in dem zweiten Großbau Snofrus, der Roten Pyramide, nur knapp zwei Kilometer von der Knickpyramide entfernt. Man nimmt allgemein an, daß das Grab des Königs in einer bisher noch nicht zugänglichen Kammer im Innern der Knickpyramide verborgen ist.

Die Rote Pyramide mit der beachtlichen Höhe von 101,15 Metern ist die erste echte Pyramide Ägyptens. Ihr Böschungswinkel beträgt $43^{1}/_{2}$ Grad, die Seitenwände aus rötlich schimmerndem Kalkstein sind spiegelglatt poliert. Diese Pyramide wurde zum Vorbild für alle weiteren Pyramidenbauten der Pharaonen.

Snofrus Knickpyramide in Dahschur.

Über Snofrus 24 Jahre währende Herrschaft wird vorwiegend Gutes berichtet. Er führte erfolgreiche Kämpfe gegen Libyer und Nubier und scheint sich beim Volk großer Beliebtheit erfreut zu haben. Vierzig Schiffe voll Zedernholz kamen zu seiner Zeit nach Ägypten. Die florierenden Handelsbeziehungen zum Libanon waren eine Folge des wachsenden Bedarfs an Bauholz im Nilland. Seit etwa 2600 gab es übrigens eine seetüchtige ägyptische Handelsflotte. Während der sagenhaft langlebigen Geschichte der ägyptischen Reiche geriet der Name Snofrus nie in Vergessenheit. Noch in der turbulenten Spätzeit gab man Kindern und auch Ortschaften den Namen des großen Pharaos einer ruhmreichen Vergangenheit.

Abb. S. 32, 49-50

Snofrus Sohn Cheops hatte sich das ehrgeizige Ziel gesetzt, die Bauten seines Vaters noch zu übertreffen. Er errichtete bekanntlich die größte Pyramide Ägyptens. Abgesehen vom Ulmer Münster (162 Meter hoch) ist die Cheops-Pyramide von Giseh bis heute das höchste steinerne Bauwerk der Welt. Ihre Höhe betrug ursprünglich 147 Meter, heute ist sie noch 137 Meter hoch. Ihr oberster Baumeister war Hemon, ein Vetter des Königs.
Herodot, der griechische »Vater der Geschichte«, wußte 2000 Jahre später vom Bau der Cheops-Pyramide Schreckensdinge zu berichten: »Cheops hat das Land ins tiefste Unglück gestürzt. Zunächst hat er alle Heiligtümer schließen lassen und das Opfern verhindert. Ferner hat er alle Ägypter gezwungen, für ihn zu arbeiten. Die einen mußten aus den Steinbrüchen im arabischen

Gebirge Steinblöcke bis an den Nil schleifen. Über den Strom wurden sie auf Schiffen gesetzt, und andere mußten die Steine weiterziehen bis zu den sogenannten libyschen Bergen. Hunderttausend Menschen waren es, die daran arbeiteten und alle drei Monate abgelöst wurden. So wurde das Volk bedrückt.«[6]
Tatsächlich soll Cheops, wie der Perserkönig Kambyses II. erfahren haben wollte, keineswegs die Tempel geschlossen, sondern nur die Einkünfte der Priester gekürzt haben. Sicher ist dagegen, daß alle ägyptischen Bauern während der Nil-Überschwemmungszeit zum Pyramidenbau gepreßt wurden. Über den Charakter der Arbeitsverpflichtungen gehen die Ansichten auseinander. Die einen stimmen Herodot zu, der von unerträglich harten Frondiensten spricht, die anderen meinen, die ägyptischen Bauern hätten bereitwillig und sogar mit Stolz ihren Beitrag zur Vollendung der nationalen Großbauten geleistet.
Vielleicht darf man es sich so vorstellen, daß zeitweise ein ganzes Land vom Baufieber erfaßt wurde, ähnlich wie noch im Mittelalter ganze Städte alle Kräfte für den Bau einer Kathedrale mobilisierten, ohne daß die Bürger dies als unzumutbare Ausbeutung empfanden. In beiden Fällen galten die enormen Anstrengungen jedes einzelnen letztlich seinem Gott, dem er alles verdankte und von dem er gewiß auch einen entsprechenden Lohn für sein Opfer erhoffte – sei es im Diesseits oder im Jenseits.
Wie das gesellschaftliche Bewußtsein des einfachen ägyptischen Bauern auch geartet gewesen sein mag, wir werden den Schlüssel

Laut Herodot wurden die Steinblöcke mit Hilfe kurzer Holzgerüste hochgewuchtet.

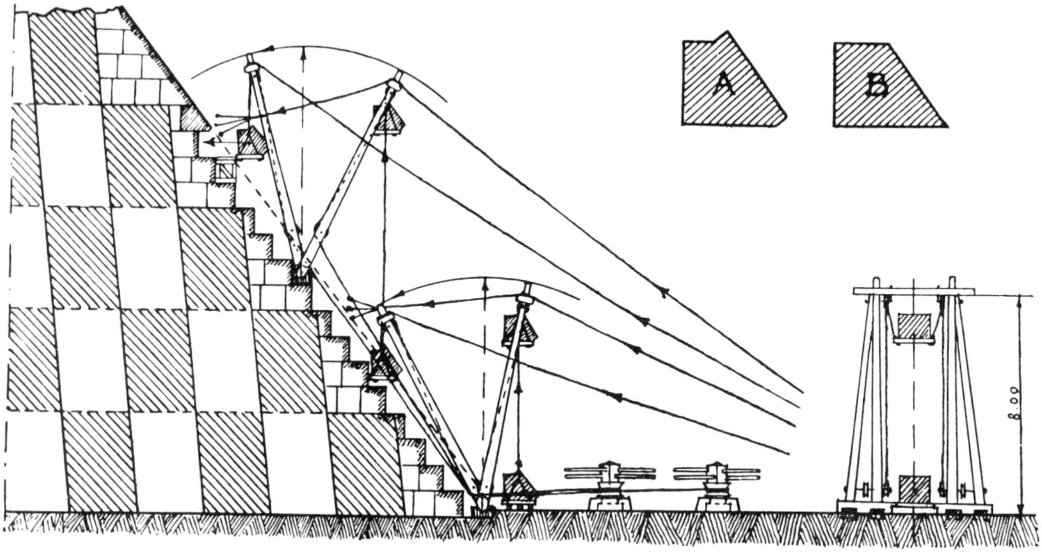

zu seinen Motivationen kaum finden, wenn wir von unserem heutigen Weltbild ausgehen. Eine satte, hochdifferenzierte und -spezialisierte Gesellschaft, die zu einem indifferenten Weltbürgertum tendiert, vermag die Hingabe und Begeisterungsfähigkeit junger Kulturen kaum noch zu ahnen. Auch dieses Phänomen ist keineswegs neu. Schon die römischen Bürger standen derartigen Erscheinungen fassungslos gegenüber.

Namenskartuschen des Cheops.

Die ägyptischen Pyramiden wurden, wie wir heute wissen, nach exakten kleinen Modellbauten aus Holz oder Stein geschaffen, die bereits das komplizierte System der Kammern und Gänge enthielten. Für die Cheops-Pyramide türmten rund 100 000 Arbeiter in 20 Jahren etwa 2,3 Millionen Steinblöcke übereinander. Der Pyramidenkern aus lokalem Sand- oder Kalkstein wurde ursprünglich von einem Mantel auf Hochglanz polierter Kalksteinplatten überdeckt, von denen nur geringe Reste erhalten blieben. Der Böschungswinkel der Großen Pyramide von Giseh beträgt 51,52 Grad, die Pyramidenseiten sind genau nach den vier Himmelsrichtungen ausgerichtet. Die vielbewunderte ägyptische Baukunst beruhte auf Gesetzen, die noch aus der Steinzeit stammten. Als architektonische Hilfsmittel kannte man Senkblei, Winkelmaß und Elle, den Visierstab und wahrscheinlich schon die Visierröhre. Lange vor Pythagoras waren im Land der Pharaonen bereits die Grundgesetze der Geometrie bekannt, mit denen man Flächen– wie auch Rauminhalte berechnen konnte.

Abb. S. 49

Ägypten war reich an wertvollen Steinen, die in verschiedenen Steinbrüchen fachmännisch abgebaut wurden. Feiner gelber Sandstein, roter, grauer und schwarzer Granit sowie grüner Schiefer kamen aus Oberägypten, Alabaster aus Mittelägypten und weißer Kalkstein sowie roter Quarzit aus Unterägypten. Die Rohblöcke wurden mit Steinmeißeln und Bronzesägen bearbeitet; zum Glätten und Polieren verwendete man vorwiegend Sand. Der Transport der Steine erfolgte, soweit möglich, auf der natürlichen Wasserstraße des Nils. Den Rest des Weges - von den Schiffen zum eigentlichen Bestimmungsort – legten sie auf Holzschlitten zurück, die auf Rollen fortbewegt wurden. Zwar war das einfache hölzerne Scheibenrad bereits erfunden, es erwies sich aber anscheinend für den Transport auf unebenen Wegen als zu plump und zu schwer. Deshalb blieben die vierrädrigen Wagen vorwiegend dem Kultgebrauch vorbehalten.

Abb. S. 32, 50–52

Cheops' Sohn Chephren, der um 2510 den Thron bestiegen hatte, ließ sich in unmittelbarer Nähe der Großen Pyramide eine eigene Pyramide errichten, die fast die gleiche Höhe erreichte. Während seiner Herrschaft entstand auch die mächtige Sphinx von Giseh, und zwar wurde der Körper eines liegenden Löwen mit dem Kopf eines Mannes direkt aus einem 57 Meter langen Kalksteinfelsen gehauen und mit Platten aus Rosengranit verkleidet. Im Gegensatz zu den griechischen Sphingen, die oft eine unheilvolle Bedeutung haben oder als drohende Grabwächter fungieren, sind die ägyptischen mit Ausnahme weniger Königinnen-Sphingen stets männlich und als Repräsentanten des Sonnengottes Re eindeutig positive Erscheinungen.

In der 4. Dynastie rückte die Verehrung des Schöpfergottes Atum von Heliopolis, der Sonnenstadt, in den Mittelpunkt des religiösen Denkens. Ihm war ein Löwenpaar heilig. Während die Tiere ihre Mahlzeit verspeisten, unterhielt man sie mit Musik und Gesang. Atum wurde mit Re, dem Sonnengott, verbunden, und da der Himmelsfalke Horus als Sohn des Re gilt, führten die Pharaonen nun den Titel »Sohn des Re«. Als Sphinx erscheint der Pharao in seiner Horusgestalt, die beides umfaßt, sein irdisches Wesen und seine himmlische Verklärung.

Man vermutet heute, daß der erst 1925 entdeckte Tempel zu Füßen der Sphinx dem Sonnenkult geweiht war. Umstritten bleibt dagegen, ob die hinter dem Tempel aufragende Sphinx als Kultbild zu verstehen ist oder den Pharao als Anbeter des Sonnengottes darstellt. Das berühmte Lächeln der ersten monumentalen Sphinx Ägyptens zerstörte im Mittelalter ein Mameluckensultan, als er »das Götzenbild« zur Zielscheibe seiner Zerstörungswut machte.

Abb. S. 51 Hinreißende Statuen von Mykerinos (oder Menkaure), dem letzten bedeutenden König dieser Dynastie, und seiner Gemahlin legen Zeugnis ab von dem hervorragenden Können der Bildhauer dieser Zeit. Auch Mykerinos, laut Herodot der gerechteste aller
Abb. S. 32 Pharaonen, baute in Giseh eine Pyramide, sie wurde aber »nur« 62 Meter hoch. Die Zeit der großen Pyramiden neigte sich ihrem Ende zu.

Stammutter der 5. Dynastie war die Königin Chentkaus, vermutlich eine Tochter des Mykerinos und Gemahlin des Pharaos Userkaf, mit dem die neue Dynastie um 2465 begann. Von ihm
Abb. S. 54 besitzen wir einen schönen Granitkopf mit der Krone Unterägyptens. Er stammt aus dem Sonnenheiligtum, das dieser Pharao in Abu Gurab errichten ließ, unweit von Abusir, dem Ort, den seine
Abb. S. 54 beiden Söhne und Nachfolger, Sahure und Neferirkare, für ihre Pyramiden auswählten.

Die neuen Pharaonen waren nicht weniger von Bauleidenschaft

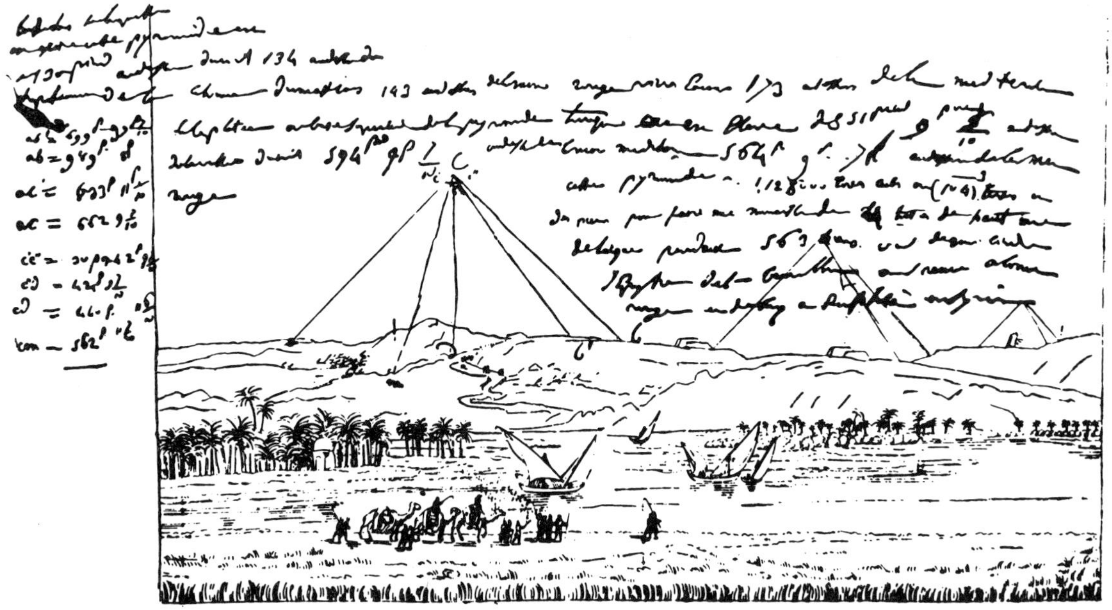

1799 besuchte Napoleon I. die Grabkammer des Cheops. Auf einer Skizze der Pyramiden sind handschriftliche Notizen des Kaisers überliefert.

besessen als ihre Vorgänger, aber statt hohen Pyramiden, so könnte man etwas überspitzt sagen, bauten sie lieber große Sonnenheiligtümer. Nicht weniger als sechs Kultanlagen zu Ehren Atum-Res, aber auch zu Ehren des regierenden Pharaos, wurden in kurzer Zeit vollendet. Den Mittelpunkt bildete jeweils ein 100 mal 75 Meter großer Innenhof mit einem riesigen, etwas gedrungenen Obelisken, auf dessen vergoldeter Spitze, wie man glaubte, die Sonne ruhte. Davor befanden sich ein Alabasteraltar und die Schlachtplätze für die Opferstiere, deren Blut in große Alabasterbecken floß. Bau und Unterhalt dieser aufwendigen Tempelanlagen verschlangen Unsummen, kein Wunder, daß für die Grabpyramiden der Pharaonen nicht mehr viel Geld übrigblieb.
In dieser Zeit nahm die Macht der höchsten Beamten im Staat bedrohlich zu und zugleich ihr Streben nach Autarkie. Die vom Pharao eingesetzten Gauverwalter entwickelten sich allmählich zu einflußreichen Gaufürsten, deren Lehnsgüter in erblichen Besitz übergingen. Mit dem Lehen aber vererbten sie auch ihre Ämter. So gelangte ein beträchtlicher Teil des Großgrundbesitzes, der bisher allein dem Pharao gehört hatte, in dritte Hand, und der Beamtenadel konsolidierte sich. Dieser erste Schritt zu einem dezentralisierten Feudalstaat sollte verhängnisvolle Folgen nach sich ziehen.
Zunächst aber entstanden auf Grund der neuen Entwicklung

Relief einer weinenden Kuh mit angepflocktem Kälbchen.

prächtige Mastabagräber für die Oberschicht, mit herrlich bemalten Reliefs geschmückt, denen wir die wertvollsten Aufschlüsse über das tägliche Leben im Alten Reich verdanken. Die Arbeit der Handwerker und Bauern wird da geschildert, Vergnügungsfahrten auf dem Nil, Vogeljagden mit dem uralten Wurfholz, Fischfang und Großwildjagd, festliche Gelage mit Musikkapellen, Sängern und Tänzerinnen – kurz, alle Freuden des Lebens, die der Verstorbene auch im Jenseits nicht missen wollte.

Abb. S. 55, 59-61

Rührende Szenen – z.B. von einem Kälbchen, das auf den Knien des Besitzers geboren wird, einem Hirtenjungen, der ein Kalb über eine Furt trägt, und einer Kuh, die gemolken wird und sich mit Tränen in den Augen nach ihrem angepflockten Jungen umblickt, dem seine ureigene Nahrungsquelle entzogen wird – zeigen eine enge Verbundenheit zwischen Mensch und Tier, deren Ursprung in der nomadischen Hirtengesellschaft zu suchen ist, in der das Tier nicht nur der kostbarste Besitz des Menschen war, sondern auch sein bester Gefährte.

Gegen Ende der 5. Dynastie trat die Verehrung des Totengottes Osiris stärker in den Vordergrund. Der letzte Pharao dieses Herrscherhauses, König Unas (oder Onnos), baute in Sakkara eine 44 Meter hohe Pyramide. In die Wände des Vorraums und der Grabkammer wurden zum erstenmal die berühmten Pyramidentexte eingemeißelt, die den Forschern lange Zeit Rätsel aufgaben. Ihren Inhalt bilden komplizierte Bestattungs- und Auferstehungsrituale für den mit Osiris gleichgesetzten Pharao.

»Erhebe dich, König Unas!« heißt es da. »Nimm dein Brot in Empfang, das nicht schimmelig werden kann, dein Bier, das nicht sauer werden kann. Gerste ist für dich gedroschen, Spelt ist für dich gemäht. Erhebe dich, König Unas! Du sollst nicht sterben.«[7]

Pyramidentexte dieser Art blieben auch für die Gräber der folgenden Dynastien typisch.

Der junge Pepi I. als Priester mit Opfergefäßen in den Händen (15 cm).

Über die Gründe für den Wechsel von der 5. zur 6. Dynastie wissen wir nichts. Sie begann um 2325 mit König Teti, von dem der Chronist Manetho behauptet, er sei von seiner eigenen Leibwache ermordet worden. Sein Sohn Pepi I. (oder Phiops) war ein tatkräftiger und mächtiger Herrscher. Er ließ in Bubastis, Dendera und Heliopolis Tempelbauten zu Ehren der Katzengöttin Bastet, der Hathor und des Atum-Re errichten; seine Pyramide steht in Sakkara. Unter diesem Pepi scheint der erste Ansturm asiatischer Eindringlinge im Norden erfolgt zu sein, der von Uni, dem Vertrauten und engstem Mitarbeiter des Pharaos, zurückgeschlagen wurde.

Nubische »Spielzeugsoldaten« mit Pfeil und Bogen aus bemaltem Holz. In einem Grab in Assiut gefunden.

An der Südgrenze des Reiches herrschte Ruhe. Die seit der 3. Dynastie existierenden regelmäßigen Handelsbeziehungen zu Nubien standen in voller Blüte. Ägypten importierte aus dem Nachbarland Gold, Elfenbein, Gummiarabikum, Akazienholz und Halbedelsteine, die sehr begehrt waren zur Herstellung der schönen Holzintarsien. Der gesamte Außenhandel war im Alten Reich Monopol der Pharaonen. Zu den wichtigsten Exportgütern gehörten Getreide, Linsen, Papyrus, hauchdünne Leinenstoffe, Fayencen und Honig.

Abb. S. 62 u. 64

Nach einer kurzen Regierungszeit seines Halbbruders Merenre wurde der achtjährige Pepi II. Pharao von Ägypten. Aus den Anfängen seiner Herrschaft stammt ein höchst amüsanter Brief des

Kindkönigs an den Gaufürsten von Elephantine, der eine Expedition nach Punt unternommen und dort einen Tanzzwerg erworben hatte:
»Laß alles stehen und liegen und bringe mir diesen Zwerg. Wenn er mit Dir in das Schiff herabsteigt, beauftrage zuverlässige Leute, die hinter ihm sind zu beiden Seiten des Schiffes und aufpassen, daß er nicht ins Wasser fällt. Wenn er schläft in der Nacht, beauftrage zuverlässige Leute, die bei ihm schlafen in seinem Zelt. Kontrolliere zehnmal in der Nacht. Meine Majestät wünscht diesen Zwerg mehr zu sehen als die Gaben des Sinai und Punts.«[8]
Das geheimnisvolle Land Punt konnte aufgrund völkerkundlicher Indizien mit einiger Sicherheit an der Somaliküste südlich von Kap Guardafui lokalisiert werden. Von dort bezogen die Ägypter Weihrauch, Myrrhe, Gummiharz, Balsam, Farbstoffe, Gold, Ebenholz, Leopardenfelle, Straußenfedern, exotische Tiere, Elfenbeim – und Pygmäen.
Pepi II. starb um 2157 nach über 90 Regierungsjahren als Hundertjähriger. Im Süden Sakkaras errichtete er die größte Pyramidenanlage seiner Dynastie. Dem wachsenden Machtstreben seiner Beamten hatte er keinen Einhalt gebieten können. Die Treue einzelner Mitarbeiter scheint er buchstäblich erkauft zu haben. Wachsende Verarmung des Königshauses schmälerte sein Ansehen empfindlich, und einige Jahre nach Pepis Tod zerfiel das mächtige Alte Reich in einzelne Fürstentümer, die »auf eigene Faust und in die eigene Tasche« regierten. Seine Nachfolger hat-

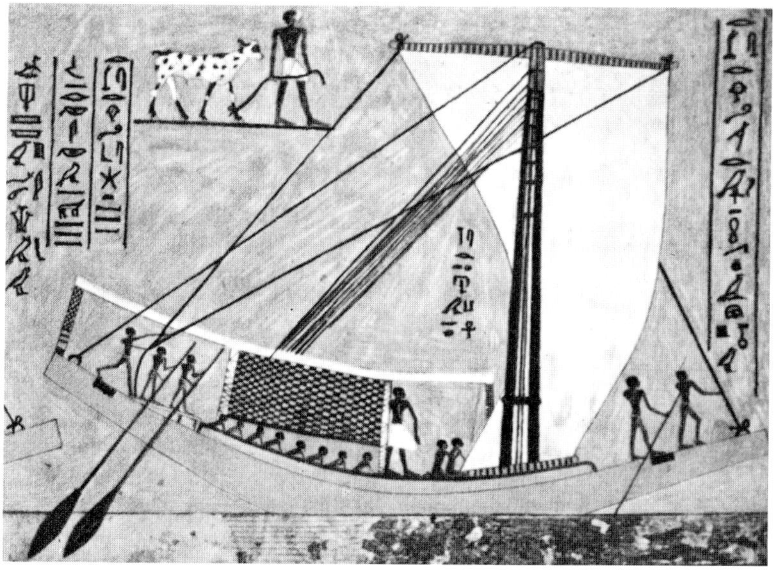

Schiffstypus des Alten Reiches. Wandbild aus einer Mastaba der 6. Dynastie.

ten keine Chance mehr, den Prozeß der Dezentralisierung aufzuhalten.
Als letzter Monarch der 6. Dynastie gelangte erstmals eine Frau auf den Pharaonenthron. Königin Nitokris soll, wie Herodot erzählt, durch eine Palastintrige zur Macht gelangt sein, bei der ihr Bruder ermordet wurde. Auf die unverhoffte Königswürde scheint sie wenig Wert gelegt zu haben; um so mehr lag ihr daran, ihren Bruder zu rächen: »Sie ließ einen großen Saal in der Erde erbauen und gab vor, sie wolle ihn einweihen. Sie lud viele Gäste ein, darunter die Hauptschuldigen an jener Mordtat, und bewirtete sie. Während des Mahles aber leitete sie durch einen großen geheimen Kanal den Strom in den Saal.«[9]
Mit diesem dramatischen Schlußakkord, einer Anekdote aus dem Repertoire der ägyptischen Fremdenführer des 5. vorchristlichen Jahrhunderts, endet um 2150 die glanzvolle Geschichte des Alten Reiches.

▶ Das Mauerwerk der Cheops-Pyramide, erbaut um 2650 v. Chr., und der Eingang in den geheimnisvollen Bau im heutigen Zustand.

◀ Die Cheops-Pyramide mit dem Totentempel des Königs Chephren.
Unten: Die von ihm erbaute Sphinx von Giseh, die »Wächterin der Stätten des Westens«, ist mit einer Höhe von 20 Metern die größte aller ägyptischen Sphingen.

Die drei großen Pharaonen der 4. Dynastie:
▼ Elfenbeinfigürchen des Cheops mit der Krone Unterägyptens. Das einzige vollständig erhaltene Bildnis des Pharaos (5 cm).
▶ Chephren mit dem Falkengott Horus. Sitzbild aus Diorit (168 cm).
Unten rechts: Mykerinos zwischen Hathor und einer Gaugöttin. (Schiefer mit Farbspuren, 84 cm.)

◀ Touristenattraktion auch noch bei Nacht: die Sphinx mit der Chephren-Pyramide.

▼ Rahotep, vermutlich ein Sohn König Snofrus, mit seiner Gemahlin Nofret. Bemalter Kalkstein mit eingelegten Augen, gefunden im Grab des Prinzen in Medum.

◀ Dieser Schieferkopf stellt wahrscheinlich Userkaf, den ersten Pharao der 5. Dynastie, dar. Er wurde 1957 am unteren Tempel von Userkafs Sonnenheiligtum in Abu Gurab gefunden.

▼ In der Nähe die Ruinen des Totentempels von Sahure, Userkafs Nachfolger.

▶ Relief der beiden königlichen Nagelschneider Nianchnum und Chnumhotep aus ihrem gemeinsamen Grab in Sakkara.

Darunter: Ihr Dienstherr, Pharao Niuserre, erbaute in Abu Gurab ein Sonnenheiligtum, dessen Überreste der große deutsche Archäologe Ludwig Borchardt erforschte.

Bildnisse hoher Würdenträger der 5. Dynastie:
◀ Der sogenannte Dorfschulze, ein Priester aus Sakkara (Sykomorenholz, 110 cm).
▼ Kalksteinfigur eines Hofschreibers (61 cm).

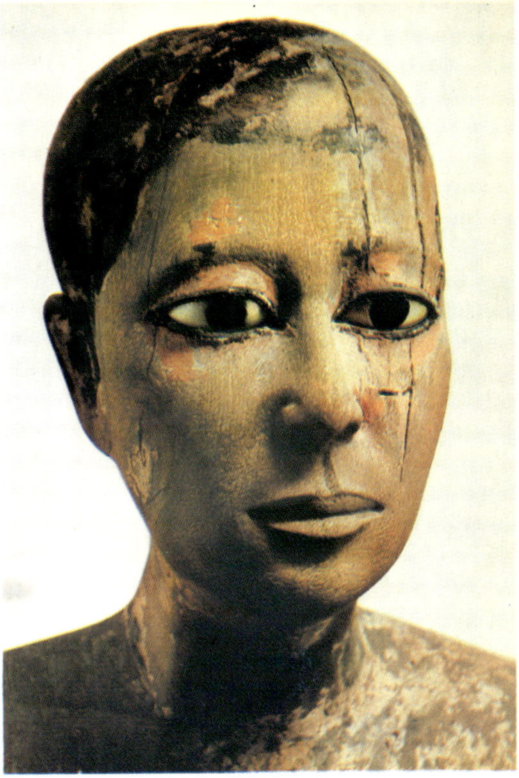

▲ Holzbild des Aufsehers der königlichen Landarbeiter, Metjeji (61,5 cm).
◀ Statue des Ranofer, Oberpriester des Ptah in Memphis (bemalter Kalkstein, 180 cm).

◀ Unas, der letzte Pharao der 5. Dynastie, ließ als erster die Sargkammer einer Pyramide mit bildlichen Darstellungen und religiösen Texten ausschmücken. Unten: Grabanlagen seiner Familie und hoher Würdenträger mit dem Blick auf die Pyramide.

▶ Kunstvoller und aufwendiger als der Pharao statteten einflußreiche Persönlichkeiten des Landes ihre Gräber aus, so der Staatsmann Ptahhotep.

▼ Szenen der Landarbeit – Papyrusernte und Rinderherde – schmücken die Mastaba der Staatsgutsverwalter Nefer und Kahai in Sakkara.

Folgende Seiten:
Zu den schönsten polychromen Wandreliefs des Alten Reiches gehören die im Grab des Mehu, der unter Unas Wesir war. Die Szene illustriert die Darbringung von Naturalienspenden.
Die Hauptkapelle in der Mastaba des Mereruka in Sakkara mit der Statue des Verstorbenen, der Teti, dem ersten Pharao der 6. Dynastie, als Minister diente.

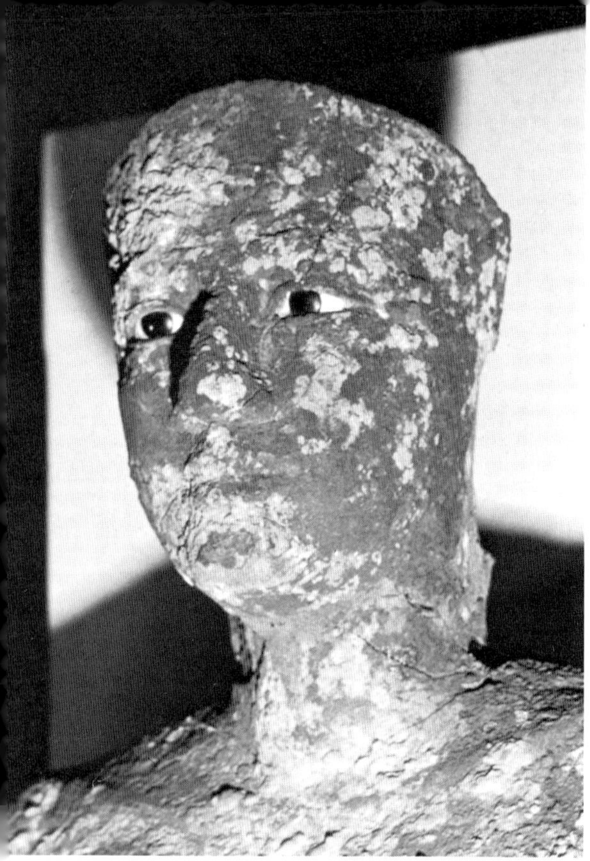

◀ Nur zwei große Kupferstatuen der ägyptischen Kunst blieben erhalten. Hier die einst vergoldete Figur Pepis I. aus Hierakonpolis (177 cm). Sie wurde anläßlich seines dreißigsten Regierungsjubiläums geschaffen.

▼ Die Begräbnisstätte Pepis II. in Sakkara gilt als der letzte Pyramidenbau des Alten Reiches. Im Vordergrund Gräber seiner Gemahlinnen.

▶ Der Zwerg Seneb, Leiter der königlichen Webereien, mit seiner Familie. Eine der ausdrucksvollsten Gruppenstatuetten vor Beginn des Neuen Reiches (Kalkstein, 33 cm).

III Die Zeit der guten Hirten

Nach dem Zerfall des Alten Reiches herrschten hundert Jahre lang Chaos und Anarchie im Lande, bis ein thebanischer Prinz das Reich aufs neue einte. Sein Name war Mentuhotep – »Month ist zufrieden«. Month, der kriegerische Gott des vierten oberägyptischen Gaus, zu dem das damals noch völlig unbedeutende Provinzstädtchen Theben gehörte, wurde zum Schutzgott der Pharaonen der 11. Dynastie. Die vorangegangenen Dynastien der sogenannten Ersten Zwischenzeit hatten eigentlich nur in der Phantasie der machthungrigen Gaufürsten von Herakleopolis existiert. Ihr Einflußbereich erstreckte sich praktisch nie über die Grenzen ihres südlich von Faijum in Mittelägypten gelegenen Gaus hinaus.

Der Kriegsgott Month.

Der Gründer des Mittleren Reichs war ein tatkräftiger und willensstarker Mann. Es läßt sich kaum ein größerer Kontrast denken als der zwischen Mentuhoteps berühmtem, fast barbarisch anmutenden Sitzbildnis und dem bis an die Grenzen der Dekadenz verfeinerten Alabasterfigürchen Pepis II., des letzten bedeutenden Herrschers vor ihm. Selbst wenn man in Rechnung stellt, daß die ägyptischen Künstler in den rund hundert Jahren der turbulenten Ersten Zwischenzeit einiges verlernt hatten, wirkt die bäuerische Robustheit der massigen Gestalt mit der überraschend dunklen Hautfarbe und dem sudanesischen Einschlag befremdlich. Eine exotische Ausnahmeerscheinung in der langen Reihe von Pharaonenbildnissen.

Abb. S. 81

Abb. S. 64

Mentuhotep I. war eine Regierungsdauer von 50 Jahren beschieden. In dieser Zeit gelang es ihm nicht nur, die Einheit des durch permanenten Bürgerkrieg bis an den Rand der Agonie erschöpften Landes wiederherzustellen, sondern auch, Ägypten zu neuer Blüte zu führen. Die rivalisierenden Gaufürsten hatten in selbstherrlicher Ignoranz nach und nach alle Errungenschaften des Alten Reiches aufs Spiel gesetzt. Überfälle plündernder Soldateska auf die Zivilbevölkerung waren an der Tagesordnung. Wo die Felder überhaupt noch bestellt werden konnten, fiel die Ernte in die Hände von Räubern. Hungersnot, Seuchen und sogar Kannibalismus waren die Folge. Die Gräber des Alten Reiches, ja, selbst die königlichen Pyramiden wurden ausgeraubt.

◀ Pepi II. auf dem Schoß seiner Mutter, Königin Anchnesmerire. Dieses Meisterwerk der ägyptischen Rundplastik aus Alabaster ist nur 39 cm hoch.

Ein anschauliches Bild von den Zuständen in dieser Zeit gibt der Mahner und Prophet Ipuwer: »Der Übeltäter ist überall. Man geht aus zum Pflügen mit seinem Schild. Ein Mann erschlägt seinen Bruder, den Sohn seiner Mutter. Wegelagerer sitzen in den Büschen, bis der Reisende kommt, der von der Nacht überrascht worden ist, und sie entreißen ihm sein Gepäck. Die Sklavinnen sind frei mit ihrer Zunge. Wenn die Herrin spricht, ist es den Dienern ein Ärgernis. Die Kinder der Fürsten werden gegen die Wände geschlagen.«[10]

Zwischen 2060 und 2040 besiegte Mentuhotep I. in blutigen Kämpfen die Gegenpharaonen von Herakleopolis. Mit den übrigen Gaufürsten hatte er leichtes Spiel. An der Südgrenze des Reiches sicherte er das Land gegen die Nubier, die sich die Ohnmacht Ägyptens zunutze gemacht hatten und bis zum 1. Katarakt vorgedrungen waren. Im Norden drängte er die Libyer zurück und setzte der ständigen Einwanderung asiatischer Nomaden ein Ende. Er konsolidierte die aus den Fugen geratenen Staatsfinanzen und berief eine neue Beamtenschaft. Bauern und Handwerker faßten wieder Vertrauen zum Staat und zahlten pünktlich ihre Steuern. Auch die Einführung eines kleinen Berufsheeres und einer Leibgarde für den Pharao geht höchstwahrscheinlich auf diesen Mentuhotep zurück, der in Theben, das er zu seiner Haupt-

Abb. S. 82

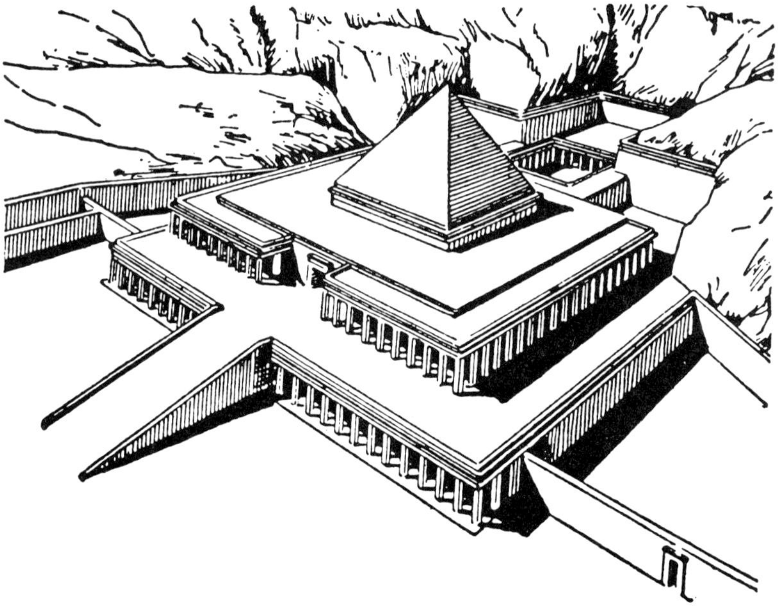

Rekonstruktion des von Mentuhotep I. errichteten Totentempels im Felsenkessel von Der el-Bahari.

stadt erkoren hatte, noch hundert Jahre nach seinem Tod als Gott und guter Hirte verehrt wurde.

Im Talkessel von Der el-Bahari, auf dem Westufer von Theben, ließ er vor der gigantischen Kulisse des steil aufragenden Felsengebirges eine prächtige Grabanlage für sich errichten, eine Synthese zwischen den königlichen Pyramidengräbern des Alten Reiches und den Felsengräbern der thebanischen Gaufürsten. Der Grabtempel, der später durch den direkt daneben erbauten Terrassentempel der Königin Hatschepsut in den Schatten gestellt wurde, besaß eine weite Halle mit 140 achteckigen Pfeilern. Darüber erhob sich die Pyramide, in deren Grabkammer die bereits geschilderte seltsame Statue des Pharaos, eingehüllt in feines Leinen, in einem Sarkophag gefunden wurde. Im großen Innenhof war zum erstenmal ein heiliger Hain aus Sykomoren und Tamarisken angelegt worden. Die Sykomore, der Maulbeerfeigenbaum, galt als Erscheinungsform der Himmelsgöttin Nut und als Baum des Lebens. In ihren Zweigen, so glaubte man, wurde Osiris, dem Gott des Todes und des ewigen Lebens, seine Jugend wiedergeschenkt. Abb. S. 83

In den Wirren der Ersten Zwischenzeit hatte eine erstaunliche Demokratisierung des Totenkults eingesetzt. Jeder kleine Beamte, Offizier, Händler oder gelehrte Mann, der über einigen Einfluß verfügte, nahm nicht nur das Recht auf Luxus für sich in Anspruch, er reklamierte auch die ursprünglich nur dem Pharao vorbehaltenen Privilegien im Jenseits für sich. Durch die Übernahme der königlichen Bestattungsriten und Pyramidentexte hoffte nun auch der Wohlstandsbürger, nach dem Tode zu Osiris zu werden und als Gott das ewige Leben zu erlangen. Theoretisch besaß selbst der Mann von der Straße diese Möglichkeit – wenn er in der Lage war, die heiligen Rituale zu finanzieren, die ihm Unsterblichkeit schenken konnten. Gleichzeitig schwand der Glaube an die Göttlichkeit des Pharaos mehr und mehr.

In zahlreichen Aristokraten- und Bürgergräbern der Zwischenzeit und des Mittleren Reiches fand man kleine hölzerne Nachbildungen von Backstuben, Brauereien, Metzgereien und anderen Handwerksbetrieben. Nirgends sonst wird in der ägyptischen Kunst das tägliche Treiben so lebendig geschildert wie in diesen Miniaturmodellen, die an unsere Puppenstuben erinnern.

Nach dem Tode Mentuhoteps I. trat sein Sohn Mentuhotep II. die Thronfolge an, vermutlich in bereits vorgerücktem Alter. Er regierte nur 8 Jahre und scheint sich besonders um die Wiederherstellung friedlicher Handelsbeziehungen zu den Nachbarländern Abb. S. 84

Darstellung eines Leichenschmauses. Relief aus einem bürgerlichen Grab der 11. Dynastie.

bemüht zu haben. So wird von einer ausgedehnten Expedition ans Rote Meer und ins Wadi Hammamat östlich von Theben berichtet, zur Beschaffung wertvoller Bausteine, und nach langer Unterbrechung wurde auch der Kontakt zum Weihrauchland Punt wieder aufgenommen.

Mentuhotep III., der Enkel des Begründers der 11. Dynastie, setzte die Aktivitäten seiner Vorgänger fort. Unter der Leitung des Wesirs Amenemhet schickte auch er eine Expedition ins Wadi Hammamat, die ihm unter anderem einen besonders schönen Steinblock für den Deckel seines Prunksarkophages mitbringen sollte. Mit Hilfe eines geheimnisvollen Omens, so heißt es, wurde schließlich ein geeigneter Block gefunden: Eine Gazelle näherte sich den Männern ohne Furcht und gebar vor ihren Augen auf dem lange gesuchten Stein ein Junges.

Die Herrschaft Mentuhoteps III. dauerte höchstens 7 Jahre. Er scheint ein schwacher, kinderloser Pharao mit wenig Autorität gewesen zu sein. Sein Nachfolger wurde der Wesir Amenemhet, der im Jahre 1991 die 12. Dynastie begründete und die Residenz des Reiches wieder nach Unterägypten verlegte. Südlich von Memphis baute er bei dem Dorf Lischt eine neue Stadt, die den Namen It-towe (auch It-tawi) erhielt, das bedeutet soviel wie »Amenemhet, der die beiden Länder [Ober- und Unterägypten] in Besitz genommen hat«. Theben aber wurde zum Zentrum des neuen Amunkults und damit zur Keimzelle einer mächtigen Priesterhierarchie, deren Einfluß 400 Jahre später, im Neuen Reich, gefährliche Ausmaße annehmen sollte.

Abb. S. 85

Amun, »der Verborgene«, ein bis zur 11. Dynastie wenig bekannter oberägyptischer Lokalgott, wird unter Amenemhet I. plötzlich zum wichtigsten Gott des Reiches. Daß sich der neue Pharao diesem Amun besonders eng verbunden fühlte, klingt bereits in seinem Namen an: Amenemhet heißt »Amun ist der Größte«. Und der König trug Sorge dafür, daß diese Verheißung Wirklichkeit wurde, indem er ihn mit dem Sonnengott Re gleichsetzte und zum Reichsgott erhob.

Dem Amunheiligtum in Karnak, der thebanischen Tempelstadt, stiftete Amenemhet I., wie wir wissen, einen Altar und Statuen. Leider sind von diesem größten und, soweit bekannt, auch ältesten Amuntempel kaum noch Reste erhalten. Meist wird Amun in rein menschlicher Gestalt dargestellt. Manchmal trägt er jedoch einen Widderkopf auf den Schultern, was auf seinen Charakter als Fruchtbarkeitsgott schließen läßt.

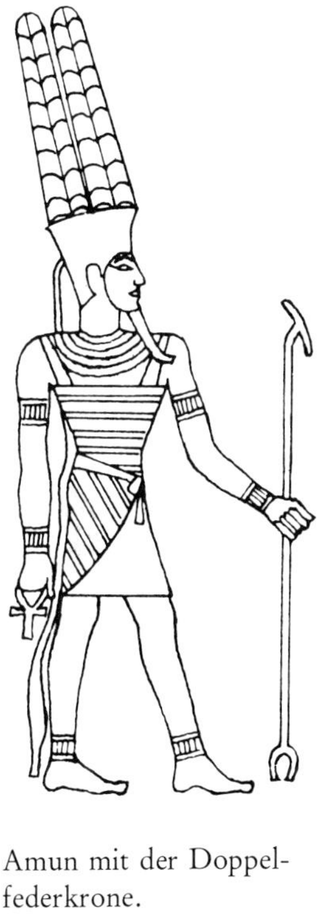

Amun mit der Doppelfederkrone.

Die wichtigste innenpolitische Aufgabe des ersten Amenemhet bestand darin, den Einfluß derjenigen Gaufürsten auszuschalten, die Mentuhotep I. im Kampf gegen Herakleopolis unterstützt hatten und daraus besondere Rechte für sich herleiteten. Sein Ziel war die Errichtung eines uneingeschränkten Absolutismus. Bei der Neuordnung der Verhältnisse stützte der Pharao sich vorwiegend auf Angehörige seiner Familie. So ernannte er seinen Großvater zum Grafen des oberägyptischen Gazellengaus. Die Erblichkeit von hohen Staatsämtern beschränkte Amenemhet indes auf Familien, an deren Treue zum Herrscherhaus kein Zweifel bestand.

Immer noch strömten zu Zeiten des Wassermangels asiatische Nomaden mit ihren Herden ins Ostdelta. Nicht alle kehrten wieder in ihre Heimat zurück, und oft waren es gerade die unerwünschten Elemente, die auf ägyptischem Boden heimisch wurden. Amenemhet I. ließ deshalb ungefähr im Bereich des heutigen Suezkanals die sogenannte Fürstenmauer errichten, ein engma-

Kopf einer Statuette Amenemhets I. (13,8 cm).

schiges Netz von Wachtürmen, das seinen Grenzsoldaten eine wirksame Kontrolle der Bewegungen in diesem Gebiet erlaubte. Die Handelsbeziehungen zum Vorderen Orient erlitten dadurch keinen Schaden. Besonders enge Kontakte bestanden zu Byblos, dem wichtigsten Hafen und Warenumschlagplatz des Libanon. Dort gab es sogar einen Tempel der Hathor, und die Stadtkönige waren im Grunde Statthalter des Pharaos. Bei ihrem Amtsantritt erhielten sie von ihm ein kostbares Gefäß mit Salböl und waren ihm durch dieses persönliche Geschenk fortan verpflichtet.

Aus dem waldreichen Hinterland von Byblos wurde vor allem Bauholz eingeführt – Zedern, Zypressen und andere Koniferenarten –, aber auch Silber, wertvolle Steine, Öl, Wein, Feigen, Honig und Rinder. Außerdem wird ein schwungvoller Handel mit Sklaven bezeugt. Besonders begehrt waren asiatische Frauen. Aus den Haushaltsunterlagen eines höheren Beamten des Mittleren Reiches geht hervor, daß er nicht weniger als 95 Sklaven sein eigen nannte, darunter einen asiatischen Erzieher für seine Kinder; 33 dieser Sklaven waren allerdings Ägypter, wahrscheinlich Strafgefangene. Andererseits konnten Einwanderer aus Asien schon zu jener Zeit hohe Staatsämter innehaben, etwa als Schreiber oder Verwalter.

Auch zu dem um 2000 auf der Insel Kreta entstandenen minoischen Reich unterhielt Amenemhet bereits Handelsbeziehungen. Die wichtigsten Exportgüter der friedliebenden Inselbewohner waren Wein, Oliven und feingearbeiteter Goldschmuck.

Amenemhet I. regierte 30 Jahre, dann wurde er um 1962 v. Chr. aus ungeklärten Gründen ermordet, vermutlich von seiner eigenen Leibgarde. Die offiziellen Annalen verschweigen die Mordtat, vielleicht aus Gründen der Staatsraison. Glücklicherweise sind zwei andere Quellen erhalten, denen wir die Kenntnis von dem Verbrechen verdanken. Eine dramatische Schilderung des Ereignisses lesen wir in einer Art politischem »Weißbuch«, der *Lehre des Königs Amenemhet an seinen Sohn,* die unter Amenemhets Nachfolger Sesostris I. verfaßt wurde:

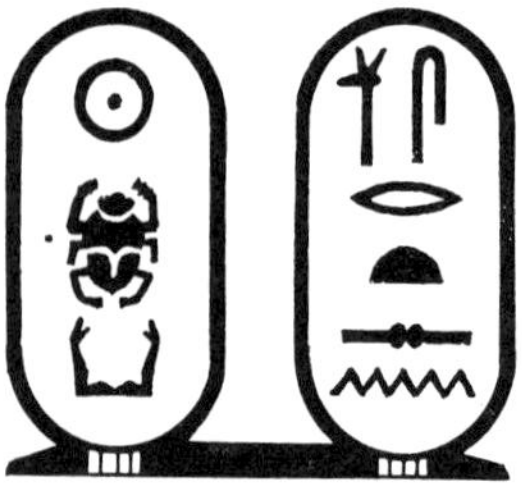

Namenskartuschen Sesostris' I.

»Es war nach dem Abendessen, als die Nacht hereingebrochen war, ich gönnte mir eine Stunde der Erholung und lag auf meinem Bett. Ich war müde, und mein Herz begann dem Schlummer zu folgen. Plötzlich wurden Waffen geschwungen, und man sprach von mir, während ich blieb wie die Schlange in der Wüste. Ich erwachte, um zu kämpfen, und war ganz allein. Ich erkannte, daß es ein Anschlag der Leibwache war. Hätte ich mich beeilt mit Waffen in meiner Hand, dann hätte ich die Feiglinge zurückgetrieben.

Aber es gibt keinen Starken in der Nacht. Keiner kann allein kämpfen.«[11]
Der Kronprinz Sesostris, den Amenemhet I. zehn Jahre zuvor zum Mitregenten gemacht hatte, befand sich zu diesem Zeitpunkt mit seinem Heer auf dem Rückmarsch von einem Feldzug gegen Libyen. Boten überbrachten ihm die Schreckensnachricht. Diese packende Szene wurde zum Ausgangspunkt der berühmten Erzählung von Sinuhe, die es verdient, zu den Meisterwerken der antiken Weltliteratur gerechnet zu werden: Der junge Hofbeamte Sinuhe hatte das Staatsgeheimnis von der Ermordung des Pharaos unfreiwillig mit angehört und war darüber in solche Panik geraten, daß er bis nach Syrien floh und sich durch dieses unverständliche Verhalten verdächtig machte. Erst viele Jahre später wurde ihm erlaubt, in die Heimat zurückzukehren. Sesostris aber eilte, »ohne es sein Heer wissen zu lassen«[12], an den Hof nach Lischt, und es gelang ihm, die Palastrevolution niederzuschlagen.

Zedernholzstatuette Sesostris' I. aus Lischt mit der weißen Krone (57 cm).

Der Totentempel und die 58 Meter hohe Pyramide Amenemhets I. stehen ganz in der Nähe seiner Residenz. Viele der Granit- und Kalksteinblöcke stammen von den Gräberfeldern des Alten Reiches in Sakkara und Giseh. Die Grabanlage ist umgeben von zahlreichen Mastabas, den Grabstätten von Familienangehörigen und hohen Staatsbeamten.
Mit der Alleinherrschaft Sesostris' I., die 36 Jahre dauerte, begann für Ägypten eine Periode des inneren Friedens, der Sicherheit, des Wohlstands und reger Bautätigkeit. In dieser Zeit wurde der Baukanon für alle späteren ägyptischen Tempel entwickelt. Von der großen Tempelanlage in Heliopolis steht nur noch ein einziger Obelisk: der älteste schlanke, hoch aufragende Obelisk Ägyptens. In Karnak konnte eine Prozessionskapelle Sesostris' I., gelegentlich auch »Kiosk« genannt, vollkommen rekonstruiert werden – ein schönes Beispiel für die klaren, ausgewogenen Proportionen der Architektur des Mittleren Reiches. Unter den Reliefinschriften an den Pfeilern befindet sich ein Lobgesang auf den Pharao, der seine Pyramide und seinen Totentempel wie sein Vater in Lischt errichten ließ.

Abb. S. 86

Mit großer Energie setzte Sesostris I. die Nubienpolitik Amenemhets I. fort. Dabei ging es ihm in erster Linie darum, die reichen Goldvorkommen des Südens unter seine Kontrolle zu bringen, denn auf dem Goldbesitz basierte Ägyptens Überlegenheit als Handelspartner der vorderasiatischen Reiche, nicht zuletzt aber auch sein politischer Einfluß im Nahen Osten. Das Gold wurde mit zehn, manchmal sogar mit über zwanzig Prozent

Silber legiert, das in Ägypten den doppelten Goldwert besaß, weil es importiert werden mußte, und zwar vorwiegend aus dem fernen Anatolien.

Von einem erfolgreichen Feldzug Sesostris' I. gegen Nubien berichtet eine Inschrift in der Festung Buhen am 2. Nilkatarakt. Diese gewaltige Festungsanlage, die erst zu Beginn der sechziger Jahre unseres Jahrhunderts aus dem Wüstensand gegraben wurde, gab den Ägyptologen wertvolle Aufschlüsse über den hohen Stand der Festungsbaukunst im Mittleren Reich. Sie besitzt 9 Meter hohe und 5 Meter dicke Wälle, die mit schmalen Schießscharten ausgestattet sind.

Als guter Hirte seines Volkes erwies sich dieser Pharao, als eine Hungersnot drohte. Sofort ließ er alles Ödland des betreffenden Gaus bestellen und hielt damit unermeßliches Elend von seinen Untertanen fern. Es wird auch berichtet, daß er sämtliche Abgaben an das Königshaus persönlich überprüfte und den Beamtenapparat fest in der Hand hatte. So konnten selbstherrliche Bestrebungen der Großen im Reich gar nicht erst aufkommen. Um Thronfolgestreitigkeiten vorzubeugen, übernahm Sesostris den von seinem Vater eingeführten Brauch, den Kronprinzen noch zu Lebzeiten des Herrschers zum Mitregenten zu ernennen.

Sein Sohn Amenemhet II., der das Reich etwa ebenso lange wie sein Vater regierte, nämlich 36 Jahre, scheint keine militärischen Ambitionen besessen, sondern sich ganz der Konsolidierung von

Rekonstruktion der Festung Buhen.

Porträt eines der Gaufürsten, deren Machtstreben die Pharaonen des Mittleren Reiches ständig zügeln mußten.

Wirtschaft und Handel gewidmet zu haben. Unter dem Tempel von Tod, südlich von Theben, fanden Ausgräber vier mit den Namenskartuschen des Pharaos versehene Kupferkisten, die kostbare Güter aus aller Welt enthielten: Rollsiegel aus Ur, Goldschmuck aus Kreta, Lapislazuli-Amulette aus Mesopotamien sowie Silber- und Goldbarren.

Als Amenemhet II. starb, bestieg sein Sohn, Sesostris II., den Thron. Er widmete sich vor allem innenpolitischen Aufgaben. Als seine Hauptleistung ist die Erschließung der Oasenlandschaft des Faijum für die Landwirtschaft anzusehen. Der Moiris-See – heute Karun-See – war damals von undurchdringlichen Sümpfen und Papyrusdickichten umgeben. Der zweite Sesostris ließ ein System von Dämmen, Kanälen und Schleusenanlagen anlegen, die den Wasserstand des in den See mündenden Nil-Nebenflusses

Abb. S. 87

regulierten, und bei dem Dorf El-Faijum seine Pyramide und seinen Totentempel errichten. Einige Kilometer weiter nördlich gründete er die Stadt El-Lahun, in der die Beamten, Arbeiter und Priester des Gräberbezirks lebten.

Die Stadt wurde 1889 wiederentdeckt. Sie ist der älteste ägyptische Wohnkomplex, der bisher ausgegraben werden konnte. Eine Ziegelmauer umschloß eine Fläche von 350 mal 400 Metern. In den schachbrettartig angelegten, bis zu neun Metern breiten Straßen fand man Ziegelhäuser mit je drei Räumen sowie einer Dachterrasse für die Arbeiter und je vier um einen Innenhof gruppierten Räumen samt Obergeschoß für die wohlhabenderen Bürger. In der Mitte der von Säulen umgebenen Innenhöfe lagen Wasserbassins. Die Eingänge wurden von gemauerten Rundbögen geschmückt, deren Erfindung man lange Zeit den Römern zuschrieb. Erstaunlich ist der hohe Stand der sanitären Anlagen: Viele Häuser besaßen bereits den Komfort eines Badezimmers. Wahren Luxus und zauberhafte Preziosen von unschätzbarem Wert fand man in den Gräbern der Prinzessinnen It und Chnemet, zwei Töchtern Amenemhets II., und der Prinzessin Sit-Hathor-Iunet, einer Tochter Sesostris' II. Zierliche goldene Diademe, feinziselierte Broschen, Ketten aus Gold- und Amethystperlen, Gürtel aus goldenen Kaurimuscheln und kleinen Leopardenköpfen, einen silbernen Handspiegel und scharf geschliffene Rasiermesser mit Goldgriffen führten die Damen des königlichen Hauses auf ihrer letzten Reise mit sich.

Es ist schwer zu entscheiden, was mehr Bewunderung verdient: die Meisterschaft der ägyptischen Goldschmiede in der Metallbearbeitung oder ihr Ideenreichtum im Design. »Schon unter der 12. Dynastie«, schreibt der israelische Forscher E.E. Vardiman in seinem Buch *Nomaden*, »erreichte die ›göttliche‹ Goldschmiedekunst in Ägypten eine Vollendung, die bis heute nicht überboten wurde. Die Goldschmiede arbeiteten im Tempelbezirk; jedes Kleinod, das sie anfertigten, wurde im Schatzbuch als Eigentum des Tempels registriert. Bis zum 13. Jahrhundert kam Goldschmuck für weltliche Stände nicht in Betracht, das geschätzte Edelmetall blieb der Gottesverehrung vorbehalten. Bei besonderen Anlässen durften der Pharao, Sohn Gottes und dessen irdischer Vertreter, sowie seine nächsten Verwandten und die Priester Goldschmuck anlegen. Es waren herrliche Kostbarkeiten, die dann getragen wurden. Durch Gießen, Schmieden, Gravieren, Löten, Ziehen, Granulieren und Ziselieren zauberten die Goldschmiede Wunderdinge aus dem kostbaren Material.«[13]

Abb. S. 85, 88/89

▶ Die Öffnung eines der Prinzessinnengräber von Dahschur durch J. de Morgan, 1895. (Zeitgenössische Radierung eines englischen Reporters.)

Abb. S. 90 Unter dem nächsten Sesostris, dem dritten, wurde die Grenze gegen Nubien weiter vorgezogen bis südlich von Semna am 2. Katarakt und von zahlreichen Festungen gesichert. In Kerma beim 3. Katarakt wurde eine ständige ägyptische Handelsniederlassung eingerichtet. Strenge Kontrollen machten es den Nubiern unmöglich, zu Land oder zu Wasser nach Norden vorzudringen.

Es mutet heute ein wenig seltsam an, daß die Nubier Jahrhunderte später ausgerechnet ihren mächtigsten Gegner als Gott verehrten, doch die Legendenbildung scheint ihren eigenen Gesetzen zu folgen. Sesostris III. ist ein geradezu klassisches Beispiel dafür. Dieser ohne Zweifel bedeutende Herrscher, der 37 Jahre Pharao war, hat außer den Eroberungen in Nubien nur einen Feldzug gegen Palästina unternommen, um den ägyptischen Einfluß in Vorderasien zu erweitern und den ungestörten Ablauf des Handels zu gewährleisten. Was aber hatte die Fama im Laufe von nahezu anderthalb Jahrtausenden bis zu den Tagen Herodots daraus gemacht!

»Sesostris ist, wie die Priester erzählen, der erste gewesen, der mit Kriegsschiffen aus dem Arabischen Meerbusen hinausfuhr und die Völker am Roten Meer unterwarf. Er fuhr immer weiter, bis er an ein Meer kam, das seiner Untiefen wegen nicht befahrbar war. Als er dann wieder nach Ägypten zurückgekehrt war, zog er mit einem großen Heer zu Lande fort und unterwarf alle Völker, die er auf seinem Wege fand... So zog er durch die Lande, bis er von Asien nach Europa hinüberging und Skythen und Thraker unterwarf.«[14]

Richtig daran ist, daß das nordiranische Steppenvolk der Skythen im 2. Jahrtausend eine Wanderung nach Westen, in den Donauraum und das Karpathengebiet, unternahm, aber Sesostris III. ist ihnen gewiß nicht dorthin gefolgt, weder auf dem Landweg noch übers Mittelmeer. Eine Begegnung mit dem kriegerischen eurasischen Reitervolk wäre seinen Soldaten auch schlecht bekommen. Und in das Gebiet des Alten Orients drangen die Skythen erst im 7. Jahrhundert ein, also über tausend Jahre nach Sesostris III.

Bei einem derart großzügigen Umgang mit historischen Fakten wundert es kaum, daß in der Sagengestalt des großen Sesostris Züge aller drei Herrscher dieses Namens vereinigt wurden. Die phantasievollen Übertreibungen späterer Generationen zeigen immerhin, daß im Volk die Erinnerung an drei der bedeutendsten Pharaonengestalten Ägyptens stets lebendig geblieben war.

Die Porträts Sesostris' III. spiegeln Würde, Ernst und Verantwortungsbewußtsein eines ebenso besonnenen wie erfolgreichen

Königin Nofret, die Mutter Sesostris' III., mit Hathorperücke und Schneckenzöpfen (Granit, 166 cm).

Der Krokodilgott Sobek.

Staatsmannes wider. In Dahschur, südlich von Sakkara, baute er aus schwarzen Nilschlammziegeln die sogenannte Schwarze Pyramide, die ursprünglich über 65 Meter hoch war. In der Grabkammer fand man den prächtigen Granitsarkophag des Königs. Sein Sohn, Amenemhet III., herrschte 45 Jahre lang über ein blühendes und wohlgeordnetes Land. Sein Hauptinteresse galt der von seinem Großvater begonnenen Kultivierung des Faijum. Das unzugängliche Sumpfgebiet verwandelte sich in eine fruchtbare Oase. Dafür wurde dem letzten großen Pharao des Mittleren Reiches im Faijum 2000 Jahre über seinen Tod hinaus göttliche Verehrung zuteil.

Seine Pyramide und seinen Totentempel ließ der König in Hawara errichten, nahe Krokodilopolis, der größten Stadt des Faijum, wo das heilige Krokodil Sobek lebte. Es trug goldene Ohrringe und Armreifen, war so zahm, daß es sich streicheln ließ, und wurde mit einer Spezialkost gefüttert. Nach seinem Tod wurde es mumifiziert und feierlich beigesetzt, wahrscheinlich in den Grüften von Amenemhets Totentempel, den die Griechen mit dem kretischen Labyrinth, dem Königspalast von Knossos, verglichen und darum ebenfalls als Labyrinth bezeichneten. Ob Herodots begeisterte Beschreibung des ägyptischen Laby-

Nilpferd aus bemalter Fayence (Höhe 10 cm). Solche Figuren waren beliebte Amulette, die den Frauen leichte Niederkunft schenken sollten.

Das Pyramidion Amenemhets III. aus schwarzem Granit war vermutlich die Bekrönung seiner Grabpyramide in Dahschur.

rinths als ein selbst die Pyramiden übertrumpfendes Wunderwerk zutreffend war, läßt sich heute leider nicht mehr nachprüfen. Von dem legendären Tempelbezirk am Moiris-See blieb kaum etwas erhalten. Im Gegensatz zu den Totentempeln früherer Pharaonen soll er einen fast quadratischen Grundriß gehabt haben.
Der griechische Geograph und Historiker Strabon unternahm im Jahre 25 v. Chr. eine Studienreise nach Ägypten. Er beschrieb das Labyrinth als ein Bauwerk riesigen Ausmaßes mit nicht weniger als 27 Innenhöfen, die durch eine Unzahl verwinkelter Gänge verbunden waren, in denen kein Fremder sich zurechtfinden konnte. Zwei kolossale Sitzfiguren Amenemhets III. ragten zur Zeit Herodots noch aus dem See und wurden von ihm merkwürdigerweise für Pyramiden gehalten. Nur die über sechs Meter hohen Sockel blieben bestehen. Eine Entsprechung zu den Pyramidentexten des Alten Reiches bilden übrigens die Labyrinth-Inschriften, die alle wissenswerten Fakten über das Ägypten ihrer Zeit festhielten. Diese Texte wurden unter späteren Pharaonen oft zu Rate gezogen, wenn es Streitfragen zwischen den Provinzen und der Zentralregierung zu schlichten galt.
Auch das bis heute jeden Ägyptenreisenden faszinierende Motiv der majestätisch ruhenden Königssphingen wurde im späten

Mittleren Reich wieder aufgenommen. Die unterlebensgroße Sphinx Sesostris'III. folgt getreu den Vorbildern der Sphinxdarstellungen des Alten Reiches. Eine geniale Neuschöpfung der Kunst dieser Epoche ist dagegen die monumentale Mähnensphinx Amenemhets III. aus Tanis. Hier umrahmt nicht mehr das traditionelle Königskopftuch das Gesicht des Pharaos, sondern eine gewaltige Löwenmähne mit stilisierten Löwenohren. Von den herkömmlichen Attributen der Herrscherwürde sind nur die Uräusschlange über der Stirn und der Zeremonialbart übriggeblieben. Die Synthese des Königs der Menschen mit dem König der Tiere erweckt den Eindruck einer überzeugenden organischen Einheit.

Abb. S. 95

Mit dem Tode Amenemhets III. war die Zeit der guten Hirten vorüber, und der Niedergang des nun ca. 275 Jahre alten Mittleren Reiches begann. Aus den 6 oder höchstens 9 Regierungsjahren seines Sohnes Amenemhet IV. ist so gut wie nichts bekannt. Kaum länger als 4 Jahre dauerte die Herrschaft der Königin Sobeknofru, die Manetho wahrscheinlich zu Recht als Schwester Amenemhets IV. ausgibt. Wieder endete eine Dynastie mit einer Frau auf dem Pharaonenthron. Vermutlich war sie die letzte legitime Erbin ihres Hauses. Viele ihrer kurzlebigen Nachfolger nannten sich zwar ebenfalls Amenemhet, doch diese Versuche, an Glanz und Größe der Pharaonen der 12. Dynastie anzuknüpfen, waren zum Scheitern verurteilt.

Über die Gründe für den Untergang des Mittleren Reiches können wir nur Mutmaßungen anstellen. Vielleicht führte gerade der straff organisierte, autoritäre Absolutismus, ein Hauptanliegen der Pharaonen von Mentuhotep I. bis zu Amenemhet III., zu dieser fatalen Entwicklung. Als kein starker, legitimer Erbe mehr vorhanden war, scheint es im ganzen Ägyptischen Reich niemanden gegeben zu haben, der fähig und mutig genug gewesen wäre, den Thron erfolgreich zu usurpieren. So geriet das Weltreich in die zweite große Krise seit seinem Bestehen. Mehr als zweihundert Jahre sollten diesmal vergehen, bis sich nach der Zweiten Zwischenzeit ein neues Königshaus etablieren und Ägypten einer neuen Blüte entgegenführen konnte.

▶ Mentuhotep I., der Begründer des Mittleren Reiches, im Jubiläumsgewand mit der roten Krone Unterägyptens. Das Sitzbild aus bemaltem Sandstein (175 cm) wurde in seinem Totentempel gefunden.

Mit Mentuhotep I. beginnt die lange Reihe der Kriegerpharaonen.
◀ Auf diesem Kalksteinrelief von seinem Totentempel erschlägt der König einen libyschen Häuptling, kenntlich an der Feder in seiner Rechten.
▼ Kawit, eine Gemahlin Mentuhoteps I., bei der Morgentoilette. Relief vom Sarkophag der Königin.
▶ Blick auf die Ruine des Totentempels für Mentuhotep I. in Der el-Bahari. Die Pyramide mit der Grabkammer lag inmitten der Pfeilerhalle im Mittelfeld.

▲ Mentuhotep II., der den Tempel seines Vaters weiterbaute, ließ sich darin mit der weißen Krone Oberägyptens abbilden.

▼ Das Wandgemälde aus ihrem Grab in Theben zeigt Chemsit, die Gemahlin des zweiten Mentuhotep, mit Dienern, die ihr einen Trunk und Opfergaben reichen.

► Amenemhet I. zwischen seiner Gemahlin und seinem Sohn Antef. Die berühmte, nur 30 cm hohe Kalksteintafel wurde 1915/16 unterhalb des Taltempels der Pharaonin Hatschepsut ausgegraben.

Unten: Einen Falkenkragen, wie ihn Amenemhet und seine Familie trugen, hatte man bereits 1907 im Grab der Wesirsgattin Senebtisi in Lischt gefunden.

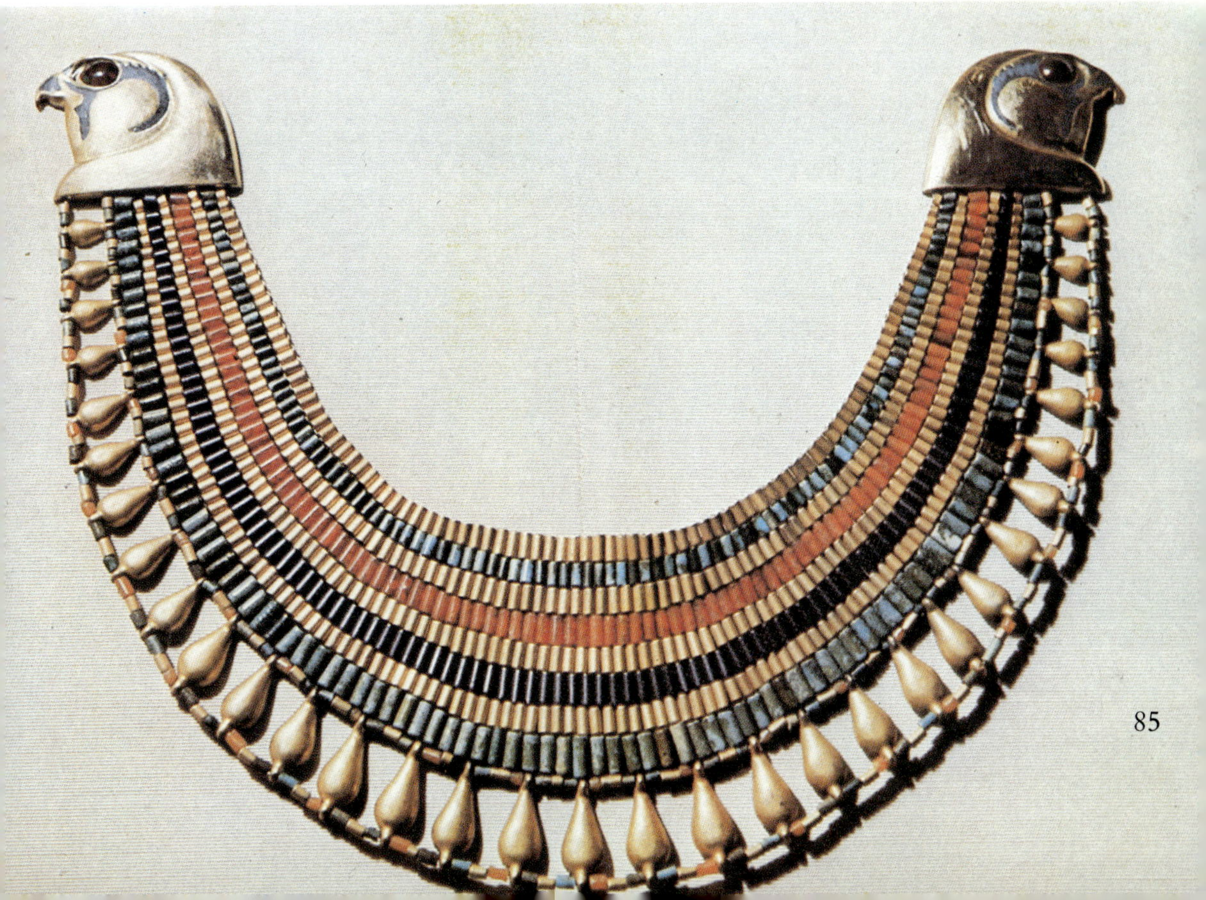

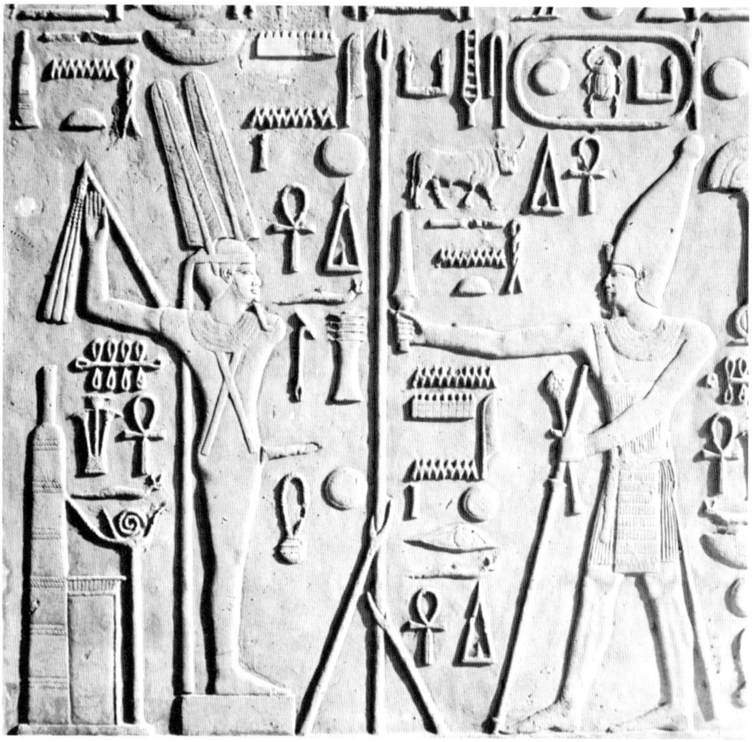

◀ Sesostris I. stiftet Min, dem Gott der Fruchtbarkeit, einen Weihrauchkegel. Relief aus der Prozessionskapelle des Pharaos in Karnak (unten), dem einzigen vollständig erhaltenen Gebäude aus dem Mittleren Reich.
▶ Diese in Tanis gefundene Sitzfigur eines Königs stellt vermutlich Sesostris II. dar.
▼ Seine Grabpyramide in El-Lahun war ursprünglich dicht von Bäumen umgeben, ähnlich wie das Mausoleum des Augustus in Rom.

Folgende Seiten:
Bildnis aus dem Grab des Gaufürsten Tuthotep in El-Berscheh: eine Prozession seiner Töchter, die einen ähnlichen Brustschmuck um den Hals tragen, wie er auf der rechten Seite zu sehen ist.
Schmuckstücke aus dem Grab der Königin Mereret. Auf der Namenskartusche ihres Gatten Sesostris III., die von zwei Sphingen gehalten wird, thront die Geiergöttin Nechbet. Unten ist zweimal Amenemhet III. dargestellt, der mit Dolch und Wurfholz Beduinen tötet.

▼ Sesostris III. im Jubiläumsgewand trägt links die unterägyptische und rechts die oberägyptische Krone. Relief aus seinem Hebsed-Tempel bei Karnak.

▶ Eines der prächtigsten Gräber des Mittleren Reiches ließ sich der Gaufürst Chnumhotep III. bei Beni Hasan errichten. Eines der Wandgemälde zeigt auf einer Akazie verschiedene Vogelarten.

Das Grab des Wesirs Mektire in Der el-Bahari war angefüllt mit Holzmodellen von ländlichen Szenen, Handwerksbetrieben und Schiffen.

▲ Hier eine Rindviehzählung (175 cm lang).

▶ Schiffe wie diese sollten den verstorbenen Pharao und sein Gefolge zu den Wallfahrtsorten des Osiris bringen.

◀ Ein Wandgemälde im Grab Chnumhoteps III. zeigt eine Karawane asiastischer Nomaden, die schwarze Augenschminke nach Ägypten bringt.

◄ Zwei bärtige Nilgottheiten mit den Zügen des dritten Amenemhet bringen dem Fluß Fischopfer dar. Die Skulptur wurde später nach Tanis gebracht und von Psusennes I. mit seinem Namen versehen.
► Auch diese nahezu unversehrt erhalten gebliebene Mähnensphinx ist ein Porträt Amenemhets III. Dennoch nahm sie 500 Jahre später Ramses II. für sich in Anspruch und ließ in aufdringlich großer Schrift seinen Namen in den Granit meißeln.

IV Die glorreichen Sieben

Ein bildhübsches, graziles Persönchen wurde zur Stammutter der berühmtesten aller ägyptischen Dynastien – der achtzehnten. Tetischere war die Mutter des thebanischen Königs Sekenenre, der es als erster wagte, sich gegen die Fremdherrschaft der Hyksos aufzulehnen, jenes geheimnisumwitterten Volkes, das sich um 1650 im Deltagebiet eingenistet und Ägypten schweren Tributen unterworfen hatte. Ihre Hauptstadt war Auaris. Kamose und Ahmose, die Enkel der schönen Tetischere, setzten den Befreiungskampf fort, vertrieben die Hyksos und schufen damit die Grundlage für das Neue Reich, den Höhepunkt der ägyptischen Geschichte.

Abb. S. 114

Über die Herkunft der Hyksos sind die Gelehrten bis heute unterschiedlicher Meinung. Ihr Name bedeutet »Fürsten der Fremdländer«; so wurden Beduinenscheichs gelegentlich schon im Mittleren Reich bezeichnet. Oft nannten die Ägypter sie auch einfach »Aamu«, was im allgemeinen als »Asiaten« übersetzt wird, von dem französischen Ägyptologen Pierre Montet dagegen ausdrücklich als »Araber«[15].Sein deutscher Kollege Wolfgang Helck kam zu dem Schluß, daß die Hyksos Hurriter waren, eine indoeuropäische Völkergruppe, die mit den Hethitern verwandt ist.[16] Sie kamen aus dem indischen Raum, wo sie Pferd und Wagen kennengelernt hatten, und gründeten ihr Reich im Gebiet des Van-Sees in der heutigen Osttürkei. Wieder andere Forscher verstehen die Hyksos nicht als einheitliches Volk, sondern als eine bunt gemischte wandernde Völkerschaft vorwiegend semitischer Herkunft, die aber auch indogermanische Gruppen assimiliert hatte. Der Ägyptologe Eberhard Otto ordnet das Auftreten der Hyksos in einen größeren historischen Zusammenhang ein: »Eine indogermanische Wanderung streift den Rand der altorientalischen Welt, bringt die Völker durchsetzt mit Absplitterungen indogermanischer Stämme in Bewegung und verebbt schließlich in Ägypten.«[17]

Die militärische Überlegenheit der Hyksos beruhte einerseits auf der Schlagkraft ihrer mit Pferden bespannten Streitwagen, andererseits auf ihrer Ausrüstung mit neuartigen Schwertern, Dolchen, Bogen und Panzerhemden. Sie lebten in befestigten Lagern,

◀ In einem Schachtgrab in Dahschur wurde die lebensgroße, hölzerne Statue des Pharaos Hor entdeckt, der in den Königslisten nicht aufgeführt wird. Vermutlich war er ein früh verstorbener Mitregent Amenemhets III.

die so gut wie uneinnehmbar waren, und ließen sich gemeinsam mit ihren Pferden bestatten. Der einzige Gott, den sie verehrten, wurde von den Ägyptern mit dem »wütenden Seth« gleichgesetzt; möglicherweise handelte es sich um den hurritischen Gott Teschup.

Mehr noch als der drückende Tribut erbitterte die Ägypter, daß die Fremden ihre Tempel zerstörten und ihre heiligen Tiere schlachteten. Obendrein sahen sich die ohnmächtigen thebanischen Vasallenkönige von zwei Seiten bedroht, da die Hyksos sich mit dem König von Kusch verbündet hatten, der Nubien sowie Teile des heutigen Sudans und Äthiopiens beherrschte.

Kamose war fest entschlossen, diesem Zustand ein Ende zu bereiten. Unmißverständlich erklärte er seinem Rat: »Sagt mir, wozu meine Stärke gut ist. Ein Fürst regiert in Auaris, ein anderer in Äthiopien, und icch sitze hier als Partner eines Asiaten und eines Negers! Jeder hat sein Stück Ägypten und teilt das Land mit mir ... Niemand kann in Ruhe seinen Geschäften nachgehen, solange er durch die Abgaben an die Asiaten ausgeplündert wird. Ich werde mit ihnen ringen, bis ich ihren Leib aufschlitze. Es ist mein Wille, Ägypten zu retten und die Asiaten zu schlagen.«[18]

Der Kronrat warnte den ungestümen jungen König, es wäre ratsam, nur zu kämpfen, wenn man angegriffen werde. Doch »auf Geheiß Amuns« griff Kamose dennoch an und besiegte die Stützpunkte der Hyksos in Mittelägypten. Nach seinem Tode übernahm sein Bruder Ahmose die Führung im Befreiungskrieg, und nach jahrelanger Belagerung gelang es ihm, die Hyksos-Hauptstadt Auaris zu erobern. Er verfolgte die Fliehenden bis in den Südwesten Palästinas, wo er die Stadt Schahuren in seine Gewalt brachte.

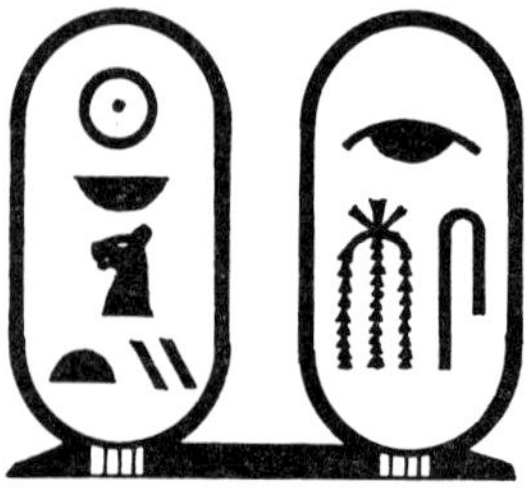

Namenskartuschen des Ahmose.

König Ahmose, der Befreier Ägyptens, gilt zugleich als Begründer der 18. Dynastie, mit der 1551 das Neue Reich begann – obwohl das thebanische Herrscherhaus, aus dem er hervorging, bereits seit zwei Generationen regierte. Nach seinem Sieg über die Hyksos zog der Pharao gegen Nubien zu Felde und schlug auch den König von Kusch vernichtend. Nun ließ Ahmose die alten ägyptischen Festungen ausbauen, allen voran das strategisch unersetzliche Buhen am 2. Nilkatarakt. Um die Nubienfrage endgültig zu lösen, setzte er einen nubischen Vizekönig ein, der direkt dem Pharao unterstand.

In der Nähe seines Scheingrabes in Abydos errichtete Ahmose eine Pyramide und eine Kapelle für seine Großmutter Tetischere; ein Gedenkstein für seine Mutter Ahotep wurde im Amuntempel von Karnak gefunden. Die Inschrift preist die Verdienste der Königin bei der Erhebung gegen die Hyksos. Haben die Damen des neuen Königshauses tatsächlich aktiv in die Politik eingegriffen? Oder beschränkte sich ihre Initiative eher auf die Rolle kluger Ratgeberinnen? Auf jeden Fall genossen die Königinnen der frühen 18. Dynastie ungewöhnlich hohes Ansehen.

Nofretiri, die Schwestergemahlin Ahmoses, führte als erste den Titel einer »Gottesgemahlin des Amun«. Ahmose übertrug ihr sogar das Amt des Zweiten Priesters am Amuntempel in Karnak, eine seltene und hohe Ehre für eine Frau. Amun wurde zum Reichsgott, und die Vorstellung von der göttlichen Natur des Pharaos nahm die Form eines Dogmas an. Durch die im Neuen Reich beliebten Geschwisterehen innerhalb der Dynastie sollte die Reinheit des göttlichen Blutes gewahrt bleiben. Rätselhaft ist jedoch, weshalb Nofretiri stets mit schwarzer oder blauer Hautfarbe dargestellt wurde. Als Schwester des Ahmose kann sie kaum nubischer Abkunft gewesen sein.

Prinz Ahmose, Kalksteinskulptur.

1526 folgte Amenophis I., der »Liebling des Amun«, seinem Vater Ahmose auf den Thron. Er übernahm ein gefestigtes, geeintes Staatswesen mit gesicherten Grenzen im Norden und Süden. Über seine 20 Regierungsjahre ist wenig bekannt. Offenbar war er ein Mann des Friedens, und das Volk scheint ihn sehr geliebt zu haben. Im Tal der Könige, Totenstadt der 18. und folgenden Dynastien, wurde er lange Zeit als Orakelgott verehrt. Eine schön bemalte Kalksteinstatuette zeigt ihn als jugendlichen Gott. Rührender Ernst und tiefe Sammlung kennzeichnen die eher kindlich weichen Züge.

Amenophis I. begann mit dem Neubau des großen Amuntempels in Karnak. Auf ihn geht eine Kapelle zurück, die ganz aus reliefierten Alabasterblöcken besteht. Sein Grab ließ der Pharao, der die Pyramide als königliche Grabform endgültig aufgab, hoch an einer Felsenklippe auf dem Westufer Thebens bauen. Alle seine Nachfolger bis zur 20. Dynastie übernahmen die Trennung von Grab und Totentempel in der Hoffnung, ihre tief in den Felsen getriebenen Grabstollen würden einen wirksameren Schutz gegen Grabräuber bilden als die Königsgräber des Alten und Mittleren Reiches.

Sein Nachfolger Thutmosis I. gelangte im Jahre 1505 durch Heirat mit der Prinzessin Ahmose auf den Thron. Vermutlich war sie die Erbtochter seines Vorgängers. Genaugenommen begründete also Thutmosis wieder eine neue Dynastie. Sein Name deutet auf eine noch ungeklärte enge Beziehung zu dem Gott Thot hin, dem

Zwei Reliefbilder Amenophis' I. aus seinem Heiligtum in Karnak. Links erhält er von Amun das Leben spendende Anch-Zeichen, rechts trägt er die Chepresch-Krone.

Mondgott von Hermopolis in Mittelägypten, der als Erfinder der Schrift galt. Seine heiligen Tiere sind der Pavian und der Ibis. Der neue Pharao, nach Ahmose der Zweite in der Reihe der glorreichen sieben Super-Pharaonen der 18. Dynastie, erwies sich als engagierter Feldherr, dessen Ehrgeiz sich mit der Sicherung der Reichsgrenzen nicht zufriedengab. Er eröffnete die Reihe der ägyptischen Eroberungskriege zur Schaffung eines imperialen Weltreichs. Zunächst wandte er sich, wie 50 Jahre zuvor der Befreier-Pharao Ahmose, gegen den alten Feind Nubien, indem er seine Kriegsschiffe durch den 2. und 3. Katarakt schleppen ließ, um das Gebiet von Kerma, der ägyptischen Handelsniederlassung des Mittleren Reiches, in festen Besitz zu nehmen. Als Folge der Grenzkorrektur im Süden des Landes setzte ein verstärkter Import von Negersklaven aus dem Inneren Afrikas ein. Dann zog Thutmosis mit seinem Heer im Norden bis über den Euphrat, besiegte den Hurriterstaat Mitanni, machte viele Gefangene und erholte sich anschließend bei einer Elefantenjagd im syrischen Nija am Orontes. In Freiheit lebende Dickhäuter gab es dort schon lange nicht mehr, aber zur Befriedigung der Jagdleidenschaft fürstlicher Sonntagsjäger wurde eine kleine Herde in einem Reservat gehalten.

Thutmosis I. Fragment einer Kolossalstatue vom großen Amuntempel in Karnak.

In Karnak trieb Thutmosis I. den Bau des Reichstemptels für Amun voran und ließ zwei Obelisken aufstellen. Sein Baumeister Ineni erhielt den geheimen Auftrag zur Anlage des ersten Königsgrabes im Tal der Könige. »Ich beaufsichtigte das Aushauen des Felsengrabes Seiner Majestät ganz allein«, berichtet Ineni, »ohne daß es gesehen wurde.«[19] Zur Belohnung wurde ihm eine tägliche Brotzuteilung aus der königlichen Kornkammer garantiert, außerdem erhielt er eine Gruppe Sklaven zum Geschenk.

Im Jahre 1493 starb der kriegerische Pharao. Sein Nachfolger Thutmosis II. war zwar sein Sohn, stammte aber aus der Verbindung mit einer Nebenfrau. Er heiratete seine Halbschwester Hatschepsut, die Tochter Thutmosis I. und der Königin Ahmose, und erlangte dadurch die Legitimierung als Thronfolger. Die Nubier scheinen den Machtwechsel zum Anlaß für eine Rebellion genommen zu haben, die aber rasch niedergeschlagen wurde. Der neue Pharao brauchte sich nicht einmal selbst in das Aufstandsgebiet zu begeben. Auch im palästinischen Raum kam es zu Kämpfen. Sie galten der Sicherung der Kupfergruben im Sinai, gingen aber ebenfalls kaum über den Rahmen einer Polizeiaktion hinaus. Wahrscheinlich waren diesem Pharao nicht einmal 5 Regierungsjahre beschieden. Sein Grab im Tal der Könige blieb unvollendet und weist keine einzige Inschrift auf.

Namenskartuschen der Hatschepsut.

Thutmosis II. hinterließ zwei Kinder, eine Tochter Nofrure aus seiner Ehe mit Hatschepsut und einen Sohn Thutmosis von einer Nebenfrau namens Isis. Nach guter Sitte wurden die beiden Kinder miteinander verheiratet. Die Witwe des Pharaos übernahm zunächst die Regentschaft für den unmündigen dritten Thutmosis, der zugleich ihr Stiefsohn, Schwiegersohn und Neffe war. Zwei Jahre später aber ließ sich Hatschepsut als »weiblicher Horus« und »Tochter des Re« feierlich zum Pharao krönen.

Dem Staatsakt war eine sorgfältige ideologische Kampagne vorausgegangen. Amun-Re, der König der Götter, so wurde verbrei-

tet, habe in Gestalt Thutmosis' I. die Königin gezeugt, und zwar mit der ausdrücklichen Absicht, Ägypten einen neuen Pharao zu schenken. Die Göttin Hathor wiederum habe in ihrer Gestalt als heilige Kuh das Kind gesäugt. Und kein Geringerer als Amun selbst setzte Hatschepsut schließlich die Doppelkrone des vereinigten ägyptischen Reiches aufs Haupt, eine Szene, die an der Spitze eines Obelisken in Karnak festgehalten wurde.
Abb. S. 119

Die junge Pharaonin trug bei den Krönungsfeierlichkeiten den traditionellen Schurz, der Oberkörper blieb frei, Hals und Schultern wurden von einem kostbaren, breiten Geschmeide geschmückt. Auf den Zeremonialbart der Könige scheint sie bei dieser Gelegenheit noch verzichtet zu haben. Bei späteren offiziellen Anlässen wurde das Versäumnis indessen nachgeholt.
Abb. S. 115

Dieses fast provozierend maskuline Auftreten einer Frau dürfte kaum auf ungeteilte Zustimmung gestoßen sein, aber Hatschepsut hatte eine einflußreiche Hofpartei auf ihrer Seite, die der jungen Herrscherin bedingungslos ergeben war. Ihr engster Vertrauter war ein gewisser Senenmut, den sie zum Erzieher ihrer kleinen Tochter machte. Zahlreiche Statuen zeigen den Günstling der Königin zusammen mit ihrem Kind.

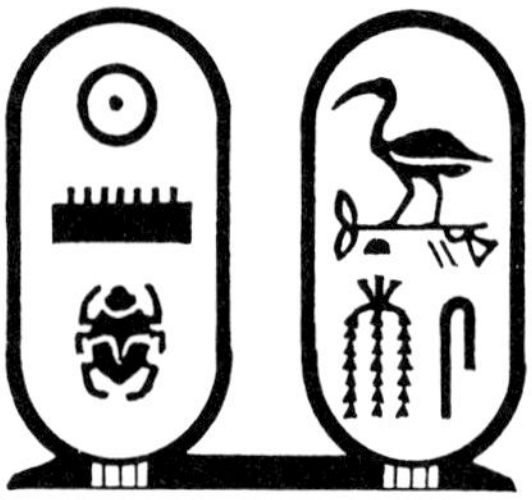

Namenskartuschen Thutmosis' III.

Hatschepsuts Stiefsohn und nomineller Mitregent Thutmosis III. blieb während ihrer Regierung völlig im Hintergrund. Vergeblich setzten seine Anhänger die Legende in Umlauf, Gott Amun selbst habe den Prinzen, als er im Tempel von Karnak seinen Kultdienst versah, an den Platz gestellt, der dem regierenden Pharao vorbehalten sei. Hatschepsut ignorierte den Anspruch ihres Mündels.

Die energische Pharaonin entfaltete eine lebhafte Bautätigkeit und gab den Handelsbeziehungen zu den Nachbarländern einen so hohen Stellenwert wie noch kein ägyptischer Machthaber zuvor. Zu den glanzvollen Höhepunkten ihrer Herrschaft gehört denn auch die erfolgreiche Durchführung einer Expedition ins Weihrauchland Punt. 5 Schiffe Ihrer Majestät erreichten unbeschadet das an Schätzen überreiche Land an der heutigen Somaliküste. Der Fürst von Punt und seine von Krankheit gezeichnete unförmige Gemahlin nahmen die Fremden gastfreundlich auf. Man wurde handelseinig, und die Ägypter konnten ihre Schiffe bis an den Rand mit so exotischen Gütern wie Ebenholz und Elfenbein, Pfeffer und Terebinthenharz, Gold und Leopardenfellen, Weihrauchbäumen- und körnern sowie Affen, Geparden und Windhunden beladen. Nach der glücklichen Heimkehr der Flotte teilte die prunkliebende Herrscherin die Reichtümer einzig und allein mit den Göttern.

31 Weihrauchbäume aus Punt ließ sie vor der unteren Terrasse ihres Totentempels einpflanzen, der in Der el-Bahari, dem wildromantischen Talkessel vor schroff aufragenden Felsenwänden auf der Westseite Thebens, neben dem Tempel Mentuhoteps I., entstand. Eine Sphinxallee führte zu dem Eingangspylon, einem der ersten monumentalen Torbauten Ägyptens, durch den man in einen weiten, von Pfeilerhallen gesäumten Hof gelangte. In der Mitte lag ein Garten mit Papyrusteichen, zwischen denen eine Rampe zur mittleren Terrasse ansteigt. Die Reliefs der »Punthalle« an der linken Seite schildern alle Einzelheiten der spektakulären Expedition; in der gegenüberliegenden »Geburtshalle« werden die Zeugung der Königin durch Amun-Re und ihre Geburt dargestellt.

Der schakalköpfige Anubis.

Hinter der Punthalle schließt sich links eine Kapelle für Hathor an, deren schöne Kalksteinsäulen von dem Haupt der kuhhörnigen Göttin gekrönt werden. In einer Kapelle auf der rechten Seite wurde der Gott Anubis verehrt, der die Toten in die Unterwelt einführt und als Schakal ihre Gräber bewacht. Eine zweite Rampe führt auf die oberste Terrasse direkt vor der schroffen Felswand. Hier befand sich der eigentliche Totentempel. Vor dem Allerheiligsten erstreckte sich, in Nachbildung eines heiligen Haines, ein gewaltiger Saal mit mehr als 130 Säulen. Vor den Durchgängen standen Statuen der Königin in Gestalt des Osiris.

Abb. S. 116/117

Die gesamte Tempelanlage, ein vielbewundertes Meisterwerk der ägyptischen Architektur, war dem Gott Amun-Re geweiht. Hatschepsut gab ihr den Namen »Herrlich ist die Herrlichkeit Amuns«[20]. Ihr Grab ließ die Pharaonin im Tal der Könige 96 Meter tief in den Felsen hauen. Dort wurde auch die Mumie ihres Vaters Thutmosis I. beigesetzt.

Sklaven mit Weihrauchbäumen aus Punt für den Terrassentempel der Hatschepsut.

Die typisch weiblich anmutende Vorliebe Hatschepsuts für Gold fand ihren Ausdruck in einer verschwenderischen Ausstattung einer Reihe von weiteren Tempeln mit goldenen Kultbildern. Ihr
Abb. S. 118 Plan, die beiden Obelisken von Karnak aus purem Gold gießen zu lassen, scheiterte jedoch. Derartige Mengen des kostbaren Metalls standen selbst ihr nicht zur Verfügung. So begnügte sie sich damit, die Spitzen vergolden zu lassen. Nur Könige durften Obelisken errichten lassen, sie galten als »Sitze der Sonne«.

Am heiligen See von Karnak erbaute Hatschepsut einen mächtigen Pylon. Hier begann der Prozessionsweg zum großen Tempel von Luxor, auf dem einmal im Jahr die Statue des Amun auf seiner heiligen Barke nach Luxor getragen wurde, »in seinen Harem«, wie die Ägypter sagten, um die heilige Hochzeit mit seiner Gemahlin Mut zu vollziehen.

Bei Beni Hasan, tief im Süden ihres Reiches, erneuerte die Königin den Felsentempel der lokalen Katzengöttin Pachet. In der Nähe fand man einen Friedhof, auf dem die heiligen Katzen bestattet wurden. Ähnliche Tierfriedhöfe sind aus allen Teilen des Landes bekannt. Zu den berühmtesten gehören in Oberägypten der Krokodil- und Sperberfriedhof von Kom Ombo sowie der Widderfriedhof von Elephantine, in Mittelägypten der Ibisfriedhof von Hermopolis und in Unterägypten der Katzenfriedhof von Bubastis.

Viel gerätselt wurde über den Tod Hatschepsuts im Jahre 1468. Hat der so lange an der Ausübung der Macht gehinderte Mitregent Thutmosis die verhaßte stiefmütterliche Herrscherin ermorden lassen? Für dieses Verdachtsmoment fehlt jeder Beweis. Andererseits läßt sich nicht bestreiten, daß die große Pharaonin nach
Abb. S. 119 ihrem Tode der *damnatio memoriae* verfiel: Ihre Statuen wurden zerschlagen, ihre Inschriften gelöscht, ihr Name aus den Königslisten getilgt, ihr herrlicher Terrassentempel geschändet. Aber es ist nicht sicher, wann diese barbarische Bilderstürmerei stattfand. Manche Forscher vermuten sogar, daß nicht Thutmosis III. in seinem Haß diesen Frevel veranlaßte, sondern erst Königin Teje, die bürgerliche Gemahlin Amenophis' III., der von 1402 bis 1364 herrschte, also mehr als ein halbes Jahrhundert nach der Verfemten. Erst unter diesem Pharao, so glauben heute manche Forscher, wurde das Andenken an Hatschepsut ausgelöscht, die so stolz auf zahllosen Denkmälern ihre göttliche Abkunft verkündet hatte. Teje besaß diese Legitimation nicht, und Amenophis fürchtete deshalb, seinen Kindern könnte die Anerkennung als Thronerben versagt bleiben.

Doch zurück zu dem von Hatschepsut so lange gedemütigten Thutmosis III. Als er endlich an die Macht kam, sah er sich einer äußerst bedrohlichen Situation gegenüber. Die Friedenspolitik seiner Vorgängerin hatte in Palästina anscheinend neue Hoffnungen auf Befreiung von der ägyptischen Vorherrschaft geschürt. Und so zog beim Thronwechsel im Frühjahr 1468 eine starke Koalition von 330 syrischen und palästinischen Stadtfürsten in Megiddo, dem militärisch und handelspolitisch gleichermaßen wichtigen Knotenpunkt an der großen syrischen Handelsstraße, Truppen in beachtlicher Stärke zusammen.

Der junge Pharao brach sofort mit einem großen Heer nach Norden auf. Am Morgen der Schlacht von Megiddo setzte er sich in einem goldenen Streitwagen an die Spitze seiner Armee. Er kämpfte mit großer Tapferkeit, und schon nach kurzer Schlacht brach die Front der Gegner zusammen. Doch die Disziplinlosigkeit der Ägypter brachte Thutmosis III. um den vollen Sieg. Kostbare Zeit verstrich, während sich die Soldaten gierig über die Beute hermachten. Der Feind nützte die Atempause, um sich in Sicherheit zu bringen. An Stricken und Kleidungsstücken zogen die Einwohner des gut befestigten Megiddo die Bundesgenossen über die Mauern. Die Tore hatten sie wohlweislich fest verriegelt. Sieben Monate lang mußte Thutmosis III. die Stadt belagern, bis sie endlich kapitulierte. Der Pharao behandelte die feindlichen Fürsten mit großer Milde. Sie erhielten freien Abzug, mußten jedoch Pferde und Wagen, ihre Schätze an Gold und Silber, Türkisen und Lapislazuli abliefern. So blieb ihnen nichts anderes übrig, als auf dem Rücken von Eseln heimzureiten. Zuvor noch hatten die Besiegten dem Pharao einen feierlichen Lehnseid geschworen: »Wir wollen in unserer Lebenszeit nicht wieder gegen unseren guten Herrn rebellieren.«[21] Außerdem erbeuteten die Ägypter 2000 Rinder, ebenso viele Ziegen und 20000 Schafe sowie große Mengen an Getreide.

Mit dem Sieg von Megiddo begann die imperiale Eroberungspolitik des Nilstaates. Thutmosis III., der »ägyptische Alexander«, wie er genannt wird, schuf ein Weltreich, dessen Macht und Stärke ein Jahrhundert lang ungebrochen blieben. Nicht weniger als vierzehn weitere Feldzüge unternahm er in den folgenden 16 Jahren allein in syrisches Gebiet. An der östlichen Küste des Mittelmeeres entstand eine Kette von ägyptischen Stützpunkten. In den Hafenstädten ließ der Pharao seine Kriegsschiffe bauen, das wichtigste Rüstungspotential für die seit langem geplante große Auseinandersetzung mit Mitanni.

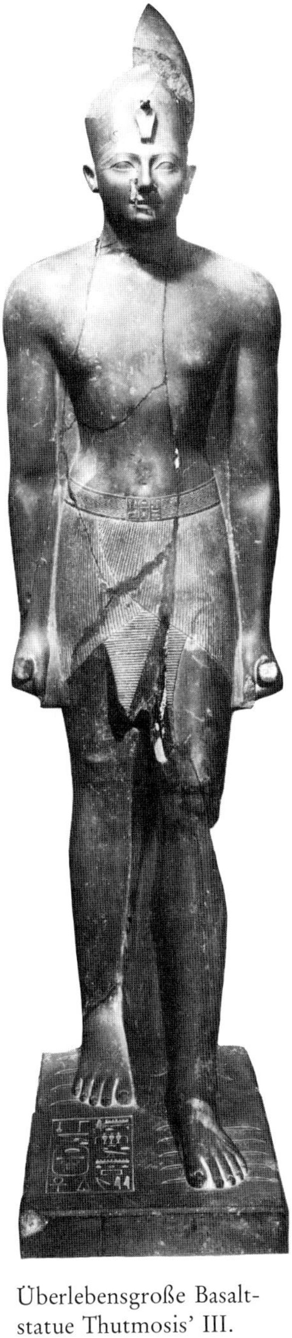

Überlebensgroße Basaltstatue Thutmosis' III. aus Karnak.

Im 13. Jahr seiner Alleinherrschaft gelang es Thutmosis III., bis über den Euphrat vorzudringen. Zwar wich der König von Mitanni einer offenen Schlacht aus, doch der politische Sieg, den Ägypten erringen konnte, war von ungeheurer Tragweite. Die mächtigen Nachbarstaaten Babylon, Assur und das Hethiterreich schickten Gesandtschaften an den Hof von Theben und erkannten damit die Vorrangstellung Ägyptens im syrisch-palästinischen Raum an.

Abb. S. 122

In den folgenden Jahren festigte Thutmosis seine Position in den eroberten Gebieten und führte dort eine Reihe von organisatorischen Neuerungen durch. Er setzte in den Städten neue Fürsten ein und holte ihre Söhne als Geiseln nach Ägypten. Hier wurden sie zu willfährigen Gefolgsleuten des Pharaos erzogen und nach dem Tode ihrer Väter zu deren Nachfolgern ernannt. Auf diese Weise wuchsen Generationen im Denken und Handeln ägyptisierter Fürstengeschlechter heran, mit denen die Machthaber in Theben leichtes Spiel hatten.

Den Vasallenkönigen wurden hohe Tribute auferlegt. Jährlich mußten große Mengen der wertvollsten Handelsgüter ins Reich geliefert werden. Dazu gehörten Pferde, Rinder, Schafe und Ziegen, Bauholz, Gold- und Silberwaren, Blei- und Kupferbarren, Bronzewaffen und Kleinodien, Lapislazuli, Türkise, Elfenbein, Streitwagen, Weihrauch, Honig, Wein und Öl. Unermeßliche Reichtümer strömten ins Nilland.

Kaum hatte Thutmosis III., der anscheinend über erstaunliche körperliche und geistige Energien verfügte, die Verhältnisse im Norden in seinem Sinne geregelt, da nahm er auch schon die weitere Ausdehnung seines Machtbereichs im Süden in Angriff. In einem einzigen Feldzug gegen die Nubier schob er die Reichsgrenze bis Napata am 4. Nilkatarakt vor. Die Bedeutung der Schätze aus Nubien für die Monopolstellung der Ägypter im Mittelmeerraum und die Prunkentfaltung im Lande selbst kann nicht hoch genug bewertet werden. Allein der Goldtribut, den der nubische Vizekönig jährlich an den Pharao lieferte, erreichte die schwindelerregende Höhe von 300 bis 400 Kilogramm.

Auch seltene Pflanzen, Bäume und Tiere brachte der vielseitig interessierte Thutmosis III. von seinen Feldzügen mit. Unter seinen Bauten in Karnak verdient besondere Aufmerksamkeit das sogenannte botanische Zimmer. Im Garten des Amuntempels entstand zwischen fremdartigen Bäumen und Sträuchern der erste ägyptische Tierpark. Dem Aufseher der königlichen Gärten und späteren Bürgermeister Sennufer gehörte übrigens ein besonders schön ausgestattetes Grab in der Totenstadt von Theben. Mit den jährlichen Tributen gelangte in dieser Zeit auch erstmals jener seltsame Vogel ins Nilland, der »täglich gebiert« – unser Haushuhn. An mehr als dreißig verschiedenen Orten gleichzeitig ließ der auch als Bauherr überaus aktive Pharao Tempel errichten oder renovieren. Sein größtes Engagement aber galt dem Tempel seines

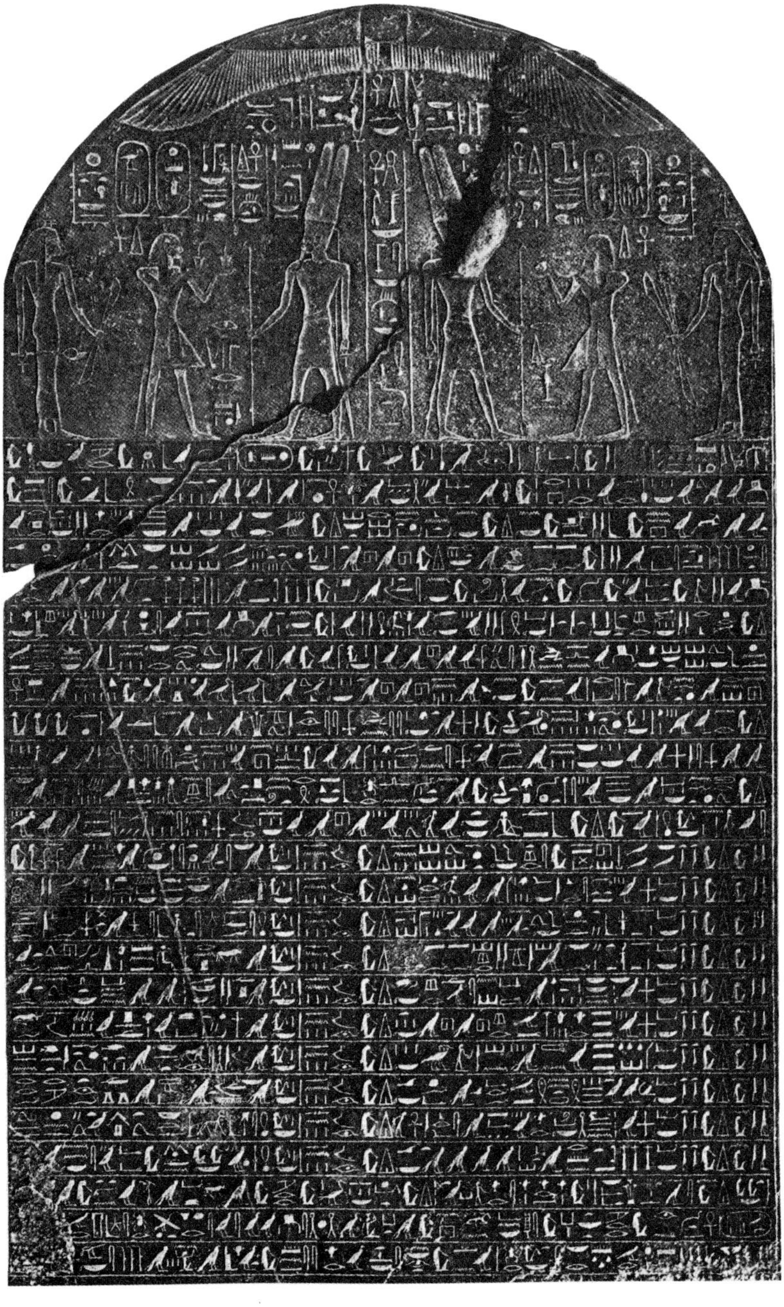

Die »Poetische Stele« aus dem Festtempel Thutmosis' III. in Karnak (162 cm) preist in bildreicher Sprache die Großtaten des Pharaos.

Schutzgottes Amun in Karnak. Hier ließ er zur Erinnerung an seine Heldentaten im Vorderen Orient zwei gewaltige Obelisken aufstellen. Einer von ihnen ging im Laufe der Jahrtausende in die Brüche, der andere steht heute in Istanbul.

Thutmosis III. herrschte 34 Jahre lang, die 20 Jahre unter der Abb. S. 120 Vormundschaft Hatschepsuts nicht mitgerechnet. Sein gut erhaltenes Grab liegt im Tal der Könige; es ist mit einem feinen Sterndekor und kunstvollen Darstellungen aus den Jenseitsbüchern geschmückt. Sein Totentempel am Westrand von Theben ist fast vollständig zerstört.

Abb. S. 121 Sein Sohn Amenophis II. war ein begeisterter Sportler und Pferdezüchter. Besonders gerühmt werden seine Leistungen als Bogenschütze, berüchtigt ist dagegen sein bei den Pharaonen sonst durchaus nicht üblicher Hang zur Willkür, Grausamkeit und Prahlsucht.

Er unternahm einige Feldzüge nach Syrien, um Unruhen einzelner Stadtstaaten niederzuschlagen. Siegreich heimgekehrt, beauftragte er Schreiber, Skulpteure und Maler, seine persönlichen Heldentaten auf dem Kriegsschauplatz der Nachwelt zu überliefern. So können wir heute noch – in Hieroglyphen – lesen, daß

Die Puntflotte wird im Goldland südlich von Ägpten mit Waren beladen.

der »Herr aller Länder« nördlich von Damaskus eigenhändig sieben aufständische Fürsten erschlug und bei Chaschabu am Fuße des Hermon sechzehn Elitesoldaten gefangennahm. In friedlicheren Zeiten genoß er die Freuden der Jagd und stellte seinen Mut beim Zureiten von Pferden unter Beweis. Möglicherweise wurde zu seiner Zeit die königliche Pferdepost eingeführt.

Kopf Amenophis' II. von einer kleinen Sphinx.

Amenophis II. regierte 26 Jahre lang und wurde nach seinem Tod im Jahre 1412 in einem der schönsten Gräber im Tal der Könige beigesetzt. Sein Sohn Thutmosis IV. scheint ursprünglich nicht für die Thronfolge bestimmt gewesen zu sein. Wir wissen nicht, welchen historischen Vorgängen er seinen Aufstieg zum Pharao verdankte. Thutmosis selber führte ihn auf einen prophetischen Traum zurück.

Der junge Prinz ruhte sich einst zwischen den Tatzen der Sphinx von Giseh, die zu jener Zeit als Bild des Sonnengottes Harmachis aufgefaßt wurde, von der Jagd aus. Harmachis erschien ihm im Traum und versprach ihm die Krone, wenn er die Sphinx von dem Sand befreie, der sie im Laufe der Jahrhunderte halb begraben hatte. Thutmosis erfüllte den göttlichen Wunsch sogleich nach seiner Thronbesteigung – es war die erste uns bekannte archäologische Ausgrabung. Und noch heute ist zwischen den Pranken der Sphinx seine Stele zu sehen, die davon berichtet.

Die kriegerischen Ambitionen des Vaters hatten sich nicht auf den Sohn vererbt. In den knapp 8 Jahren seiner Regierung herrschte Frieden in Ägypten. Von entscheidender Bedeutung für die Außenpolitik war dagegen die Heirat dieses vierten Thutmosis mit einer Mitanni-Prinzessin, ein diplomatischer Schritt, der praktisch einer Anerkennung des Mitanni-Reiches gleichkam. Heirat statt Krieg – diese revolutionierende Neuerung machte unter seinen Nachfolgern Schule und sicherte den Frieden an der Nordgrenze für ein gutes Vierteljahrhundert. Mitanni spielte dabei die Rolle eines Pufferstaates zwischen Ägypten und dem Reich der expansionsfreudigen Hethiter.

Sein Sohn Amenophis III. muß noch sehr jung gewesen sein, als er 1402 Pharao wurde. Er herrschte 38 Jahre lang über Ägypten. Seine Hauptgemahlin war die bereits im Zusammenhang mit dem unterdrückten Nachruhm der Hatschepsut erwähnte Bürgerstochter Teje. Nach dem Beispiel seines Vaters heiratete Amenophis III. außerdem eine Mitanni-Prinzessin, die 317 ihrer Haremsdamen mitbrachte. Der König von Babylon gab ihm gleichfalls eine Tochter zur Frau; Amenophis weigerte sich allerdings, ihm als Gegenleistung eine ägyptische Prinzessin zu schicken. All

Abb. S. 128 u. 148

Thutmosis IV. mit seiner Mutter Teo, in feierlicher Haltung als Repräsentanten des Königtums (Granit, 110 cm).

diese Hofnachrichten, die heute die Klatschspalten einschlägiger Magazine füllen würden, ließ der Pharao auf Skarabäen gravieren, die etwa unseren Gedenkmünzen vergleichbar sind.
In Malkata, gegenüber von Karnak auf der linken Seite des Nils, wurde ein luxuriöser königlicher Palast für ihn erbaut, der den Namen »Haus der Freude« erhielt. Nie gesehene Pracht wurde in dieser neuen Residenz entfaltet. Der König liebte Feste, Frauen, raffiniert zubereitete Speisen und Vergnügungen aller Art. Ein einziger Kriegszug wird aus seiner Regierungszeit überliefert, er führte nach Nubien – wieder einmal zur Niederschlagung eines Aufstands. Wahrscheinlich hat Amenophis III. nicht persönlich daran teilgenommen.
Auch er war kein Feldherr, dafür aber ein kühner Bauherr. Die Bauten dieses Pharaos übertrafen alles Vorhergegangene. Von seinem gigantischen Totentempel gegenüber von Luxor, dem bis dahin größten ägyptischen Tempel, blieb kaum etwas übrig. Schon die Herrscher der 19. Dynastie benutzten ihn als Steinbruch. Nur die beiden kolossalen Sitzbilder des Königs blieben wenigstens fragmentarisch erhalten. Sie wurden aus rötlichem Sandstein gearbeitet und waren ursprünglich fast 21 Meter hoch. Ihren heutigen Namen »Memnonskolosse« erhielten sie nach einem Erdstoß im Jahre 17 v. Chr., bei dem die eine Skulptur in zwei Teile zerbrach. Seitdem gab sie kurz nach Sonnenaufgang und wieder nach Sonnenuntergang eigenartig klagende Töne von sich. Die Touristen der Kaiserzeit glaubten der Legende, Memnon, ein vor Troja gefallener König der Äthiopier, begrüße mit diesen Seufzern in der Frühe seine trauernde Mutter Eos, die Göttin der Morgenröte, und beklage am Abend seinen Tod. Inzwischen ist Memnon längst wieder verstummt. Der römische Kaiser Septimius Severus (146–211 n. Chr.) setzte der durch Rißbildungen im verwitterten Stein verursachten Naturerscheinung unfreiwillig ein Ende, als er den Koloß restaurieren ließ.
Unter den großartigen Tempelbauten, mit denen Amenophis III. die Heiligtümer von Luxor und Karnak bereicherte, ragt besonders der Tempel des Mondgottes Chons in Karnak hervor. Er gilt als Muster des ägyptischen Baukanons. Eine Sphinxallee führte zum Pylon. Dahinter lag der von Säulen umgebene Innenhof. Durch eine Vorhalle gelangte man in einen Säulensaal. Das Allerheiligste war nur den Priestern und den Pharaonen zugänglich. Auch der zweitgrößte Tempel Thebens, der Muttempel, wurde von Amenophis III. in Auftrag gegeben. Im Hof ließ er 154 Sitzfiguren der löwenköpfigen Sachmet aufstellen, einer kriegerischen

Amenophis III. mit der Doppelkrone (schwarzer Granit, 46 cm).

Abb. S. 126/127

Göttin, die nicht nur unter den Feinden Schrecken verbreitete. Andererseits besaß sie magische Heilkräfte, und ihre Priester in Memphis, ihrem Hauptkultort, bildeten die wohl älteste Standesvereinigung von Humanmedizinern und Tierärzten.
Ein wesentlicher Anteil an der Ausführung all dieser Bauten kommt dem Architekten und weisen Berater des Königs, Amenophis Hapu, zu, von dem wir eine herrliche Darstellung besitzen, die ihn im Alter von 80 Jahren zeigt. Ihm bewahrte der in seinen Gunstbeweisen sonst recht launische Amenophis III. bis zum Tode sein Wohlwollen und gestattete ihm sogar den Bau eines eigenen Totentempels. Amenophis Hapu soll seherische Fähigkeiten besessen und Wunderheilungen vollbracht haben. Bis in die griechische Zeit hinein wurde er daher als Gott verehrt.
Das Grab Amenophis' III. befindet sich nicht im Tal der Könige, sondern in dem nahe gelegenen, sogenannten östlichen Tal – noch einsamer und noch eindrucksvoller als das Tal der Könige. Zu der Anlage des großen Felsengrabes gehört eine Reihe von Säulenhallen, außerdem besitzt es zwei Kammern für seine Gattin Teje und seine Tochter Sitamun. Mit dem Tod Amenophis' III. im Jahre 1364 ging die bisher glanzvollste Epoche Ägyptens ihrem Ende entgegen. In einem Zeitraum von nicht einmal 200 Jahren hatte sie sieben der bedeutendsten Herrscher des Pharaonenreiches hervorgebracht, und diese »Glorreichen Sieben« wiederum hatten das Land, seine Religion, seine Kultur und Kunst so tief geprägt, daß es kaum verständlich scheint, wie es zu jenem jähen und totalen Umbruch kommen konnte, für den der nächste Pharao der 18. Dynastie verantwortlich zu machen ist.

▶ Blick über das Tal der Könige, in dem fast alle Pharaonen der 18., 19. und 20. Dynastie ihre letzte Ruhestätte wählten. Diese Hügel bargen die wertvollsten Schätze des Neuen Reiches – bis Grabräuber oder Archäologen sie entdeckten.

Frauen spielten in der Geschichte der 18. Dynastie eine entscheidende Rolle.
◀ Von Tetischere, der Stammutter der Dynastie, besitzen wir nur ein einziges Bildnis, eine 37 cm hohe Kalksteinstatuette.

▲ Hatschepsut im Krönungsornat mit Schurz und Kopftuch beim Opferdienst. Rosengranitstatue aus dem Totentempel der Pharaonin (275 cm).
◀ Ihr Günstling Senenmut, der Architekt von Der el-Bahari, mit Nefrure, der Tochter seiner Herrin (Granit, 71 cm).

◀ Der Terrassentempel von Der el-Bahari gehört auch als Ruine noch zu den eindrucksvollsten Bauwerken der alten Ägypter.

▼ Säule der Hathorkapelle. Der Kopf der Göttin trägt ein Kapitell in Form eines Sistrums (kultisches Schlaginstrument).

◀ Den rechten Obelisk im Amunheiligtum von Karnak errichtete Thutmosis I., den linken seine Tochter Hatschepsut.

▶ Von der Spitze eines zweiten, später umgestürzten Obelisken der Pharaonin stammt dieses Relief, das die Krönung der knienden Hatschepsut durch den Reichsgott Amun darstellt.

▼ Zuvor hatten die Götter Thot und Horus die Königin auf die Zeremonie vorbereitet. Auch aus diesem Relief in Karnak wurde ihr Bild später ausgemeißelt.

▼ Das farbenprächtige Wandgemälde aus dem Grab Thutmosis' III. zeigt den Pharao beim Wasser- und Weihrauch-Opfer vor Amun, der die Doppelfederkrone trägt.

▶ Hathor in Kuhgestalt säugt den jungen Amenophis II. Detail von einer Kalksteinskulptur, die in der Hathorkapelle Thutmosis' III. in Der el-Bahari gefunden wurde.

▼ Thutmosis III. triumphiert über seine Feinde. Der »ägyptische Alexander«, wie der kriegerische Pharao oft genannt wird, schuf in vielen Eroberungsfeldzügen die Grundlagen für die Vorrangstellung Ägyptens im Mittelmeerraum.

▶ Das berühmte Grab des Nacht in der thebanischen Totenstadt ist mit herrlichen Wandgemälden geschmückt. Nacht war zur Zeit Thutmosis' IV. Tempelschreiber des Gottes Amun.

Folgende Seiten:
Aus zahlreichen Wandbildern spricht die Musikliebe der alten Ägypter: Die reizvolle Damenkapelle stammt aus dem Grab des Nacht. Die Mädchen spielen Flöte, Laute und Harfe. Der königliche Kornzähler und Getreideopfer-Registrator Djeserkareseneb ließ in seinem Prunkgrab in Theben zwei Töchter beim Schmuckanlegen und eine kleine Harfenistin porträtieren.

▼ Den gigantischen Luxortempel, der den Göttern Amun, Mut und Chons geweiht war, ließ Amenophis III. errichten. Im Hintergrund Hof und Pylon aus der Zeit Ramses' II.

▶ Die weltberühmten Memnonskolosse, zwei Sitzbilder Amenophis' III., sind die letzten Überreste seines prächtigen Totentempels am Ufer des Nils.

V Die Abtrünnigen und die Reumütigen

Könige sind in der Regel keine Propheten. Im Gegenteil, ihre Lebensziele pflegen entschieden weltlicher Natur zu sein, ob sie nun als Kriegshelden oder als Friedensfürsten glänzen, sich als kluge Taktiker oder als große Bauherren einen Namen machen. Amenophis IV. oder Echnaton, wie er sich bald nannte, bildet da eine interessante Ausnahme. Der junge Pharao war besessen von der Idee, nur einen einzigen Gott zu verehren – Aton, dessen Verherrlichung er sein Leben weihte. Und alle seine Untertanen sollten dem Beispiel des Herrschers folgen und ihre alten Götter vergessen – zugunsten des neuen Sonnengottes und seines königlichen Propheten.

Abb. S. 145 u. 157

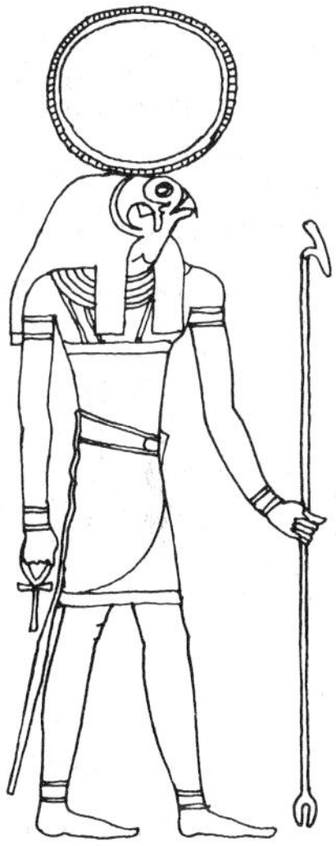

Der Sonnengott Re.

Der Sonnenkult war an sich nichts Neues für die Ägypter. Re, der Sonnengott von Heliopolis, fand schon in den ersten Dynastien gebührende Verehrung. Später war er mit dem Reichsgott Amun verschmolzen worden, und fast jeder König der 18. Dynastie hatte als besondere Huldigung für Re in Karnak Obelisken errichten lassen, die »Sitze der Sonne«. Aber niemandem von ihnen wäre es je eingefallen, ausgerechnet im traditionellen Land des Polytheismus die Vielzahl der Götter zu leugnen. Echnaton verlangte Unmögliches von seinem Volk, als er allein Aton, die Sonnenscheibe, zum Gegenstand kultischer Verehrung erhob.

Gewiß, viele machten die Abkehr von Amun bereitwillig mit, ob aus innerer Überzeugung oder ihrer Karriere zuliebe, mag dahingestellt bleiben. Aber die Masse der Bauern und Handwerker sah in Aton nur den ihnen verordneten Gott, und die Priesterschaft, allen voran die thebanischen Amunpriester, dachte gar nicht daran, sich dem Propheten auf dem Pharaonenthron anzuschließen, der in ihren Augen nichts anderes war als ein Abtrünniger, ein gefährlicher Ketzer.

Die meisten Propheten stürzen sich voller Eifer in theologische Diskussionen mit ihren Gegnern. Echnaton aber wich der Auseinandersetzung mit seinem mächtigsten Gegenspieler, dem Hohenpriester von Karnak, aus. Im 5. Jahr seiner Regierung ließ er sich in der Mitte zwischen Theben und Memphis eine neue Residenz bauen, die den Namen Achetaton, »Horizont der Sonnenscheibe«, erhielt. Heute ist die Stadt allgemein bekannt unter dem

◀ Die beiden nur 6 cm hohen Ebenholzfigürchen stellen die Eltern des Ketzerpharaos Echnaton dar: Amenophis III. und Teje.

Namen Amarna, nach einem in der Nähe gelegenen modernen Dorf Tell el-Amarna. Hier blieb der Pharao bis zu seinem Tode, ohne seine Residenz auch nur ein einziges Mal zu verlassen. Völlig gefangen in dem phantastischen Gespinst seiner religiösen Schwärmerei, verwirklichte er im Kreise seiner Getreuen den Traum von einem monotheistischen ägyptischen Reich *en miniature* – unbehelligt vom passiven Widerstand der Priesterschaft und der Ratlosigkeit des Volkes, das seinen angestammten Göttern die Treue brechen sollte. Zuvor hatte Echnaton vorsorglich den Amuntempel von Karnak schließen lassen. Im heiligen Bezirk des einstigen Reichsgottes wurde jetzt nur noch der neue Gott verehrt, und zwar in einem neuen Tempel, der den Namen Gematon erhielt, was soviel bedeutet wie »Aton ist gefunden«. Echnaton kreierte aber nicht nur einen neuen Glauben, er revolutionierte auch den traditionellen Stil der ägyptischen Kunst und

◀ Die Gründungsstele der Stadt Achetaton mit der Königsfamilie im Gebet vor Aton.

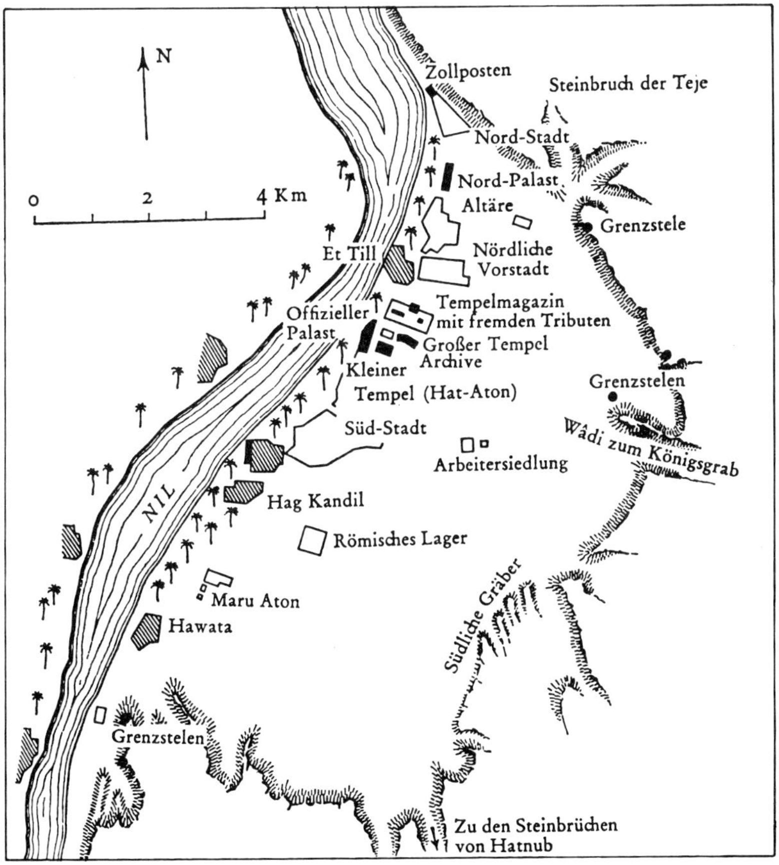

»Stadtplan« von Achetaton (Tell el-Amarna), Echnatons und Nofretetes Traumstadt.

legte sich selbst einen ebenfalls neuen, ganz persönlichen Führungsstil zu. Er regierte sozusagen *en famille.* Bei jeder Gelegenheit stellte er seine Familie zur Schau. Seine schöne Gemahlin Nofretete und seine sechs Töchter begleiteten ihn bei offiziellen Anlässen ebenso wie auf Spazierfahrten und natürlich in den Atontempel von Amarna. Der Pharao scheute sich nicht, ihnen in aller Öffentlichkeit Beweise seiner zärtlichen Zuneigung zu schenken, und liebte es, sich mit Frau und Kindern darstellen zu lassen. Auf den Hausaltären seiner Anhänger standen Bild- und Relieftafeln, auf denen die königliche Familie bei der Verehrung der Sonne wiedergegeben wurde.

Abb. S. 146/147

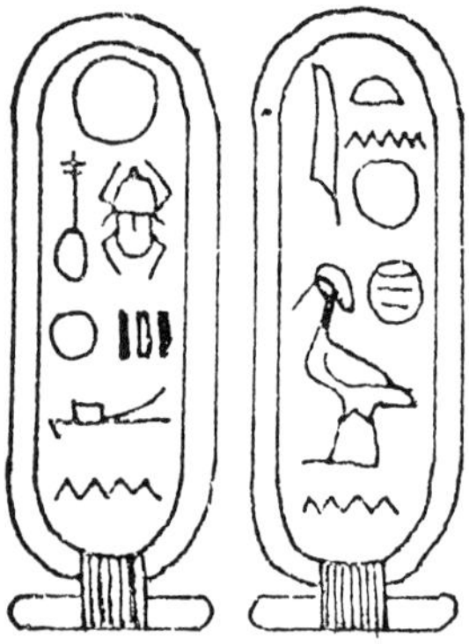

Namenskartuschen Echnatons.

Binnen weniger Jahre änderte sich der künstlerische Stil von Grund auf. Nirgends ist das deutlicher zu erkennen als an den schonungslos realistischen Porträts des Königs. Echnaton war das Gegenteil von einem Athleten. Sein schlaffer Bauch, die fülligen Oberschenkel, die schwächlichen Arme, die eingesunkene Brust, das überlange Kinn, die aufgeworfenen Lippen, all diese weit außerhalb der verbindlichen ästhetischen Norm liegenden individuellen Merkmale wurden von den Künstlern mit fotografischer Genauigkeit wiedergegeben, und zwar auf ausdrücklichen Wunsch des Pharaos. Eine geradezu fanatische Wahrheitsliebe scheint den ersten Diener Atons beseelt zu haben. Ob sein Gott sie von ihm gefordert hat?

In seinem berühmten Sonnenhymnus heißt es:

»Aller Augen sehen dich vor sich, den Aton des Tages,
In meinem Herzen bist du,
Doch niemand ist sonst, der dich kennt, nur Echnaton, dein Sohn.
Ihm hast du Einsicht gegeben in deinen Plan, deine Macht.
Die Welt ist in deiner Hand, wie du sie gemacht hast.«

Und an anderer Stelle lesen wir:

»Jeder Weg steht offen in deinem Licht.
Vor dir im Strom springt der Fisch – ja ins Herz
der See dringt dein strahlender Glanz.«[22]

Ein Gott, vor dem man nichts verborgen halten kann, erweckt nicht nur fromme Scheu und staunende Ehrfurcht in den Herzen der Menschen, sondern auch Angst und Schrecken – ein Problem, das Echnaton anscheinend ignorierte. Nie zuvor, nicht einmal unter den unnahbaren Pharaonen der ersten Dynastie, war die Kommunikation zwischen König und Volk so hoffnungslos ins Stocken geraten.

Über die Herkunft seiner Gemahlin Nofretete und ihren Anteil

an der religiösen Revolution Echnatons wurden zahlreiche, zum Teil recht abenteuerliche Theorien aufgestellt. War »die Schöne, die da kommt«, wie ihr Name übersetzt wird, eine Tochter des Mitannikönigs Tuschratta und ursprünglich zur Ehe mit Echnatons Vater bestimmt? Oder stammte sie aus einer vornehmen thebanischen Familie wie ihre Schwiegermutter Teje, deren Schwägerin Ti mehrfach als Amme der schönen Nofretete bezeichnet wird?

Fast karikiert wirkt der Kopf Echnatons aus der Werkstatt des Oberbildhauers Thutmosis. Nofretetes Antlitz vermochte die realistische Kunst von Amarna nichts anzuhaben.

Noch unsicherer sind die Hinweise, aus denen sich eine aktive Rolle Nofretetes bei Echnatons Experiment mit dem Monotheismus ablesen ließe. Gewiß, die Königin nahm ebenso wie ihre Töchter regen Anteil am Kult des neuen Staatsgottes, aber das kann ebensogut auf Wunsch des Pharaos geschehen sein. Die Künstler jedenfalls scheinen bei der Verwirklichung des neuen Realismus Rücksicht auf die Gefühle der Königin genommen zu haben. Nie wurde sie in ähnlicher Weise so schonungslos realistisch dargestellt wie ihr Gatte. Im Gegenteil, die Nachwelt verdankt den Künstlern von Amarna, speziell dem Oberbildhauer Thutmosis, das klassische Idealporträt einer ägyptischen Frau, die weltberühmt gewordene Nofretete-Büste, die, 1912 von dem deutschen Archäologen Ludwig Borchardt entdeckt, heute im Ägyptischen Museum in Berlin zu bewundern ist.

Abb. S. 149

Als radikaler Neuerer hatte der kunstsinnige Echnaton vor den künstlerischen Monumenten der Vergangenheit keinerlei Respekt. Mit unduldsamem Eifer ging er gegen alle Indizien der Amunverehrung in seinem Reich vor. An unzähligen Statuen und Reliefs wurden Antlitz und Namen des gestürzten Gottes herausgemeißelt. Nicht einmal die Kartuschen seiner Vorgänger wurden verschont, wenn sie unglücklicherweise das Wort »Amun« enthielten, wie z. B. der Name seines Vaters Amenophis III.

Nach der Tilgung der Erinnerung an die Pharaonin Hatschepsut war dies der zweite große Bildersturm innerhalb eines Jahrhunderts und einer Dynastie. Ihren Höhepunkt erreichte sie gegen Ende der siebzehnjährigen Regierungsdauer Echnatons. Zu dieser Zeit war Nofretete, die die letzten Jahre aus Gründen, die wir nicht kennen, zurückgezogen in ihrem eigenen Palast in Amarna verbrachte, vielleicht bereits tot. Auf jeden Fall hatte sie ihren Einfluß auf den Pharao längst verloren.

Fragen der aktuellen Tagespolitik interessierten den Propheten Atons wenig, eine philosophische Haltung, die sich wenige Jahre nach seinem Tode bitter rächen sollte. Die Hethiter fielen während der Amarna-Idylle in Syrien ein, und die Vasallenfürsten in Vorderasien schickten dringende Hilferufe an den ägyptischen Königshof. Echnaton aber nahm sie kaum zur Kenntnis, er ließ sich nicht einmal zu einer ausweichenden Antwort herbei. Sein Feind war nicht das Hethiterreich, sein Feind, den er grimmig und ausdauernd bekämpfte, war Amun.

Über all diese Vorgänge sind wir gut unterrichtet durch die sogenannten Amarnabriefe, eine Sammlung von Keilschrifttafeln, die in der einstigen Residenz Echnatons gefunden wurden. Aus dieser Quelle wissen wir auch, daß zumindest die Handelsbeziehungen in geordneten Bahnen weiterliefen. Als wichtigster Kupferlieferant trat jetzt Zypern in den Vordergrund. Auch der schwungvolle syrische Opiumhandel mit Ägypten, der schon in der Zweiten Zwischenzeit seinen Anfang genommen hatte, wurde zum Teil von der zyprischen Konkurrenz übernommen. Die typischen Opiumgefäße sind der Form der Mohnkapsel nachgebildet. Sie wurden oft in Kindergräbern gefunden, denn Opium wurde von den Ärzten als geeignetes Beruhigungsmittel für die Kleinen empfohlen. Daß es außerdem von den Erwachsenen als Rauschgift geschätzt wurde, läßt sich nur vermuten. Nach der Amarnazeit hörte der Opiumhandel übrigens abrupt auf.

Die Grabstätten für seine Familie ließ Echnaton in den Bergen von Amarna ausbauen. Als erste wurde dort seine früh verstorbene und tief betrauerte Tochter Maketaton (»Atons Schützling«)

bestattet. Ob Echnaton selbst und die schöne Nofretete jemals dort beigesetzt wurden, wissen wir nicht. Ihre Mumien blieben bis heute unauffindbar. Es steht zu befürchten, daß sie im Zuge der Amunrestauration von übereifrigen Atongegnern vernichtet wurden.

Zwei Töchter Nofretetes und Echnatons. Im Amarna-Stil gestaltetes Relief aus Hermopolis.

In den letzten Jahren seiner Herrschaft ernannte Echnaton einen Mitregenten, den jungen Prinzen Semenchkare, der allgemein als naher Verwandter des Königs angesehen wird. Vielleicht war er sogar sein Halbbruder. Zu seiner Legitimierung als Thronerbe wurde er mit Meritaton (»Geliebte Atons«) vermählt, der ältesten Tochter Echnatons. Wir wissen nicht, ob Nofretete zu dieser Zeit noch am Leben war, auf jeden Fall wurde ihr Andenken bereits zugunsten Meritatons gelöscht. Bildnisse der Königin erhielten die Züge ihrer Tochter.

Abb. S. 156/157

Abgesehen von dieser befremdlichen Tatsache, die darauf schließen läßt, daß Nofretete in Ungnade gefallen war, scheint der Wunsch des alternden Herrschers, dem ein eigener Sohn versagt geblieben war, selbst einen geeigneten Nachfolger zu bestimmen, durchaus verständlich. Für die gelegentlich ausgesprochene Vermutung, Semenchkare sei nicht nur der Günstling und Schwiegersohn Echnatons gewesen, sondern auch sein Liebhaber, fehlt es an Beweisen.

Der königliche Prophet und sein Nachfolger starben kurz hintereinander im selben Jahr. Wieder einmal gelangte ein Kind auf den Thron der Pharaonen. Der etwa zehnjährige Tut-ench-Aton (»Das lebende Bild des Aton«) war das einzige noch lebende männliche Mitglied der königlichen Familie. Seine Herkunft ist ungeklärt. Manche vermuten in ihm einen Sohn Amenophis' III. und einer Nebenfrau, manche denken an ein Kind der Königin Teje aus einer Liaison nach dem Tode ihres königlichen Gemahls. In beiden Fällen wäre er ein Halbbruder Echnatons gewesen. Vermählt wurde er mit Anchesenpaton (»Die durch Aton Lebende«), der dritten Tochter Echnatons und Nofretetes. Die Prinzessin war etwa zwei Jahre älter als der Kindkönig.

Goldfigürchen des Kindkönigs Tut-ench-Amun.

Das junge Paar kehrte Amarna bald den Rücken und ging nach Theben zurück. Die alten Götter, allen voran Amun, wurden wieder in ihre angestammten Rechte eingesetzt. Der väterliche Berater des jungen Pharaos war Eje, vermutlich ein Bruder der Königin Teje und Gatte der Ti, Nofretetes mutmaßlicher Amme. Tut-ench-Aton änderte seinen Namen in Tut-ench-Amun und tat auch sonst alles, um die erzürnten Götter Ägyptens zu versöhnen. Eine umfassende Restaurationsbewegung setzte ein. Die alten Tempel wurden renoviert und erhielten vom König kostbare goldene Statuen und Kultgeräte zum Geschenk. An der Außenwand eines Säulenganges im großen Luxor-Tempel, den Amenophis III. zu bauen begonnen und sein Sohn Echnaton in seiner Raserei gegen Amun übel zugerichtet hatte, wurde auf Tut-ench-Amuns Befehl in einem Reliefband die Prozession zum Opetfest, dem frohesten und längsten Fest des Jahres, verewigt. Aus der langen Inschrift auf einer Stele, die Tut-ench-Amun in Karnak errichten ließ, stammt der folgende Auszug, der ein wenig Licht auf die historische Rolle des zu Unrecht oft unterschätzten jugendlichen Königs wirft: »Als Meine Majestät als König erschien, waren die Tempel der Götter und Göttinnen, von Elephantine bis hinab zu den Sümpfen des Deltas, verfallen, ihre Schreine waren verödet und zu Ruinen geworden, von Unkraut überwuchert, ihre Kapellen als ob sie niemals gewesen seien, und durch ihre Hallen gingen Fußpfade. Im Lande ging es drunter und drüber, und die Götter kehrten diesem Lande den Rücken... Wenn jemand sich vor einem Gott niederwarf, um etwas von ihm zu erbitten, so zeigte er sich nicht, und wenn man ein Gebet an eine Göttin richtete, so kam sie ebenfalls nicht... Aber nach vielen Tagen erschien Meine Majestät auf dem Thron ihres Vaters und herrschte über die Länder des Horus.«[23]

Es muß eine gigantische Aufgabe gewesen sein, in diesem Chaos Ordnung zu schaffen, die »Ruinen« wieder mit Leben zu erfüllen. Welcher Anteil an ihrer Bewältigung Tut-ench-Amun, welcher der Grauen Eminenz Eje zukommt, läßt sich nicht mehr feststellen. Aus den Worten des jungen Pharaos spricht jedenfalls ein bemerkenswertes Selbstbewußtsein.

Namenskartuschen Tut-ench-Amuns.

In aller Welt berühmt aber wurde der König nicht durch seine Taten, sondern durch die märchenhaften Schätze, die man in seiner von Grabräubern weitgehend verschonten letzten Ruhestätte im Tal der Könige fand. Tut-ench-Amun starb 1338 im Alter von etwa 19 Jahren. Die röntgenologische Untersuchung seiner Mumie ergab, daß er ermordet wurde, und zwar durch einen Keulenschlag auf den Hinterkopf. Der Zugang zu seinem Grab, verborgen unter dem Geröll von der Ausgrabung des etwas weiter oberhalb gelegenen Grabes Ramses' VI., wurde 1922 nur durch einen glücklichen Zufall entdeckt. Von den insgesamt vier Räumen der eher bescheidenen, kleinen Anlage waren die Sarg- und Schatzkammer unversehrt geblieben.

Abb. S. 150

Die Mumie des Pharaos ruhte im innersten von drei prächtigen Särgen, die in einen großen Steinsarkophag gebettet waren. Das Antlitz des Toten war von einer Maske aus purem Gold bedeckt. Die verklärten und zugleich majestätischen Züge des Frühverstorbenen gelten mit Recht als »eines der schönsten Porträts in der Geschichte der Menschheit«[24].

Abb. S. 151 u. 153

Die Mumie war in dreizehn Leinenschichten gewickelt, zwischen denen man nicht weniger als 143 Schmuckstücke, Amulette und persönliche Gebrauchsgegenstände des Königs fand, die heute zu den kostbarsten Schätzen des Altertums gehören, darunter ein goldenes Diadem mit der Uräusschlange, ein kunstvoll gearbeiteter goldener Dolch, dessen Scheide mit lebendig wiedergegebenen Jagdszenen geschmückt ist, dreizehn herrliche Armreifen sowie zahlreiche Ringe. Besondere Bewunderung aber rief der wundervolle Brustschmuck des Toten hervor, zwei breite Pektorale aus Gold mit zauberhaften Filigranmosaiken aus Hunderten winziger Halbedelsteine und bunter Glasstückchen. Das eine stellt das Bild der Geiergöttin Nechbet dar, der Herrin Oberägypens, das andere den Horusfalken, das königliche Symbol Unterägyptens. Von unermeßlichem Wert sind die Särge selbst. Während der äußere Sarkophag aus gelbem Quarzit gefertigt ist, handelt es sich bei den beiden folgenden Holzsärgen um wahre Meisterwerke des Kunsthandwerks. Sie sind mit dickem Blattgold überzogen, auf dem Deckel ist Tut-ench-Amun als Osiris dargestellt.

So fand Howard Carter die Vorkammer zum Grab des Tut-ench-Amun vor. An der Rückwand der Umriß einer weiteren, noch verschlossenen Kammer. (Foto aus dem Jahre 1923.)

Die größte Überraschung für die Ausgräber bot jedoch der dritte Sarg. Er besteht aus massivem Gold, ist 1,85 Meter lang und mit wunderbaren, erhabenen Reliefs geschmückt. Dargestellt sind die Göttinnen Isis, die als Mutter des Osiris und Königin der Toten verehrt wurde, und Nephthys, eine Schwester der Isis, die bei der gedachten Auferstehung des verstorbenen Königs als Osiris eine wichtige Rolle spielte. Andere Reliefbilder zeigen die Geiergöttin Nechbet und die Uräusschlange. Sie alle sind reich verziert mit Einlagen aus Halbedelsteinen, Glas und Fayence.

Unwillkürlich drängt sich beim Anblick dieser atemberaubenden Kostbarkeiten die Frage auf, die sich bereits Howard Carter, der Leiter der Ausgrabung des Grabes von Tut-ench-Amun stellte: »Solche unerhörten Reichtümer gab man den Pharaonen mit ins Grab! Welche Schätze mögen einst in den siebenundzwanzig Gräbern des Tales verborgen gewesen sein, wenn einer der unbedeutendsten Könige schon mit dieser überwältigenden Fülle von Kostbarkeiten bestattet worden war. Kein Wunder, daß Grabräuber durch diese unermeßlichen Goldschätze zu äußerster Verwegenheit aufgereizt wurden!«[25]

In der Schatzkammer entdeckte Carter unter anderem eine Reihe vergoldeter Holzstatuetten, die zum Teil den verstorbenen König, zum Teil verschiedene Gottheiten darstellten, sowie zwei Kindersärge, in denen die Mumien von totgeborenen Mädchen lagen. Zweifellos handelt es sich um Kinder von Tut-ench-Amun und seiner Gemahlin Anchesenamun, wie sie sich jetzt nannte.

Von erlesener Schönheit sind auch die Alabasterkanopen, in denen die Eingeweide des Pharaos bestattet wurden. Die Deckel sind mit Porträtköpfen des Kindkönigs geschmückt. Außerdem kamen in einer Seitenkammer zahlreiche sorgfältig gearbeitete »Bettstellen, Fußbänke, Sitzkissen, Gefäße aller Art, Brettspiele, Körbe mit getrockneten Früchten, Grabfiguren, Spielzeug und Waffen«[26] zum Vorschein – Dinge des täglichen Gebrauchs, die uns wertvolle Kenntnisse vom Leben am Königshof vermittelt haben. Auch der prächtigste Thronsessel, den wir aus dem Altertum kennen, wurde dort gefunden. Der gesamte Goldschatz des Tut-ench-Amun befindet sich heute im Ägyptischen Museum in Kairo, mit Ausnahme von siebzehn Objekten, die auf abenteuerlichen Wegen ins Metropolitan Museum gelangten.

Abb. S. 154/155

Tut-ench-Amun hatte keinen Thronfolger hinterlassen. Seine Witwe Anchesenamun faßte einen verzweifelten Entschluß, der bis heute zu vielen Spekulationen Anlaß gibt. Sie schrieb einen Brief an den Hethiterkönig Schuppiluliuma und bat ihn, ihr einen seiner Söhne als Gemahl zu schicken. Der ausländische Prinz sollte ägyptischer Pharao werden – ein weite Kreise der Bevölkerung gewiß schockierender Plan, der erheblich über die sonst zur Förderung gutnachbarlicher Beziehungen betriebene Heiratspolitik hinausging.

Aus dem kühnen Projekt wurde jedoch nichts. Als Schuppiluliuma nach einer vorsichtigen Rückfrage endlich von den lauteren Absichten der Königin überzeugt war und seinen Sohn Zannanza auf die Reise schickte, starb dieser unterwegs. Ob er das Opfer eines Mordanschlags oder einer grassierenden Seuche wurde, wissen wir nicht.

Was aber konnte die Tochter Echnatons dazu bewogen haben, ausgerechnet einen Sohn ihres gefährlichsten Gegenspielers im Vorderen Orient zum Gemahl zu erbitten? Darauf gibt es eigentlich nur eine Antwort: Die junge Königin fürchtete, zur Ehe mit dem Mörder ihres Gatten gezwungen zu werden, mit jenem Mann, der ihren königlichen Gemahl »zu Osiris gemacht hatte«. Es kann kein Zweifel daran bestehen, daß Tut-ench-Amun einer Intrige seiner nächsten Umgebung zum Opfer fiel. Aber wer steckte dahinter? Wirklich der alte Eje, der schon drei Pharaonen treu gedient hatte? Viele befürworten diese Theorie mit dem Hinweis, daß schließlich Eje es war, der nach dem Ausfall des Hethiterprinzen die blutjunge Witwe heiratete und so zum Nachfolger seines ehemaligen Mündels wurde. Dem Greis waren nur knapp 4 Jahre als Pharao vergönnt, dann starb er – eines natürlichen Todes.

Eje scheint nach allem, was wir von ihm wissen, ein vorsichtiger

Politiker gewesen zu sein, ein Opportunist, der den Atonkult unter Echnaton ebenso getreu unterstützte wie die Rückkehr zu Amun unter dessen Nachfolger. Wenn er wirklich den ehrgeizigen Wunsch hegte, Pharao zu werden, weshalb hätte er, nach dem Tode Echnatons schon ein alter Mann, warten sollen, bis Tut-ench-Amun zum Mann herangereift war? Ein Kind läßt sich gewiß leichter beseitigen, zumal in den Wirren des neuerlichen religiösen Umbruchs.

Viel besser paßt der Mord an dem jungen Pharao allerdings in das Charakterbild eines gewissen Haremhab, der sich zur Zeit des Verbrechens einen Namen als fähiger, unentbehrlicher General gemacht hatte und von Eje bald zum Mitregenten ernannt wurde. Vielleicht erkannte Haremhab eher als irgendein anderer am Hofe von Theben, wie dringend Ägypten einen starken Herrscher benötigte, um die brisante Situation an seiner Nordgrenze und die Schwierigkeiten im Innern zu meistern. Aber in der Wahl seiner Mittel war er von einer beispiellosen Skrupellosigkeit, wie sich bald nach seinem Machtantritt im Jahre 1333 zeigen sollte.

Namenskartuschen Haremhabs.

Einer Ehe mit diesem Haudegen niederer Abkunft wollte Anches-enamun unter allen Umständen entgehen, deshalb entschloß sie sich höchstwahrscheinlich zu der frappierenden Werbung um einen ausländischen Prinzen und deshalb heiratete sie, als ihr Plan sich zerschlagen hatte, den greisen Eje, der ihr von klein auf vertraut war.

Haremhab dürfte mit dieser Wendung, dieser Verzögerung auf seinem Wege zur Herrschaft kaum gerechnet haben. Überraschenderweise aber fügte er sich, sei es, daß er in dem hochbetagten Eje keinen ernsthaften Rivalen sah, sei es, daß seine militärischen Aufgaben an der Nordgrenze des Reiches ihm keine Zeit ließen, dafür zu sorgen, daß die Dinge in Theben die von ihm gewünschte Entwicklung nahmen.

Die Situation in Palästina war brenzlig wie nie zuvor. Schuppiluliuma, der mächtige Hethiterkönig, hatte nach dem plötzlichen Tod seines Sohnes, der Pharao werden sollte, Ägypten den Krieg erklärt. Er zweifelte nicht daran, daß der Prinz auf seiner Reise an der ägyptischen Grenze ermordet worden war. Wenn sein Verdacht stimmen sollte, kommt für diese Bluttat niemand anderer in Frage als Haremhab. Eje war zu dieser Zeit ständig in Theben, wo Abb. S. 158 ihn langwierige Vorbereitungen für die Mumifizierung und Bestattung Tut-ench-Amuns vollauf in Anspruch nahmen.

Während der Amarnazeit hatte Ägypten im Vorderen Orient schwere Verluste hinnehmen müssen. Die Hethiter hatten das

Ägyptische Soldaten führen Haremhab semitische Gefangene vor. Relief aus dem Generalsgrab in Sakkara.

Reich der Mitanni besiegt und ihr Land okkupiert. Zahlreiche phönizische und palästinische Städte waren von Ägypten abgefallen. Die kriegerischen Auseinandersetzungen Haremhabs mit den Hethitern dauerten vier Jahre lang. Es kam jedoch zu keiner militärischen Entscheidung zwischen den beiden Großmächten. Eine vor allem im Heer der Hethiter grassierende Seuche beendete den Krieg, als ihr König Schuppiluliuma vermutlich im Jahre 1333 der bösartigen Krankheit erlag.

Kurz darauf starb auch der uralte Pharao Eje. In seinem Grab im Tal der Könige fand man einen wundervoll gearbeiteten Sarkophag aus Rosengranit. An verschiedenen Porträtköpfen des Pharaos läßt sich die Entwicklung des künstlerischen Stils nach der Amarna-Epoche ablesen. Einige von ihnen weisen noch jenen radikalen Realismus auf, dem Echnaton huldigte; denn kaum beschönigt werden die Spuren des Alters wiedergegeben. Andere gehören zum Typus des Idealporträts: Der König wird in jugendlicher Frische dargestellt, nur wenige individuelle Merkmale wie z. B. die schweren Augenlider stellen eine Verbindung zu den realistischen Bildnissen der vergangenen Ära her.

Als Mitregent Ejes stieg Haremhab automatisch zu dessen Nachfolger auf. Nun endlich konnte er seine ehrgeizigen Pläne verwirklichen. Er regierte das Nilland von 1333 bis 1306. Seine Hei-

Abb. S. 159 u. 160

▶ Höflinge huldigen dem siegreichen Feldherrn Haremhab. Relief aus seinem Generalsgrab.

rat mit der Prinzessin Mutnedjemet, einer jüngeren Schwester Nofretetes, verlieh der Herrschaft des Usurpators, der genaugenommen gar nicht mehr zur 18. Dynastie gehört, einen Hauch von Legalität. Über das Schicksal Anchesenamuns nach dem Tode Ejes schweigen die Quellen. Kinder scheinen aus der ungleichen Ehe der letzten ihres Stammes mit dem greisen Pharao nicht hervorgegangen zu sein.

Die unmittelbare Bedrohung des Reiches durch die Hethiter hatte Haremhab zur Zeit seines Vorgängers ohne weitere Gebietsverluste abwehren können. Als König verzichtete er weitgehend auf neuerliche Feldzüge und ging tatkräftig daran, die heillosen Mißstände im Inneren – ein Erbe der Amarnazeit – zu beseitigen. Unermüdlich reiste der neue Pharao quer durchs Land, um überall selbst nach dem Rechten zu sehen. Er setzte zahlreiche neue Beamte und Priester ein, vorwiegend verdiente Offiziere des Heeres, und erließ drakonisch harte Gesetze gegen Korruption, Steuerhinterziehung und andere Formen der unrechtmäßigen persönlichen Bereicherung an Staatseigentum. Bei leichten Vergehen, etwa der Unterschlagung eines Rinderfells, drohten dem Schuldigen hundert Stockhiebe, bei schweren Fällen, etwa der illegalen Aneignung eines Schiffes mit Tributgütern für den Staat, das Abschneiden der Nase oder Verbannung und Zwangsarbeit in der unwirtlichen Festung Sile an der Grenze nach Asien.

Mit großer Energie widmete Haremhab sich der Wiederherstellung der alten Religion. Alle Spuren des Atonkultes wurden zielstrebig ausgelöscht. Zum zweitenmal in kurzer Zeit änderte man die Namenshieroglyphen an den Denkmälern, diesmal zugunsten des Reichsgottes Amun. Jede Erinnerung an Echnaton, den Ketzer von Amarna, wie er verächtlich genannt wurde, fiel dem von höchster Stelle befohlenen Vergessen anheim, aber auch die Kartuschen von Tut-ench-Amun und Eje wurden vielfach zerstört, sogar in ihren Gräbern. Bezeichnend für Haremhabs Einschätzung seiner historischen Rolle ist die Tatsache, daß er seine eigene Regierung vom Jahre 1364 an zählte, dem Todesjahr des letzten »rechtgläubigen« Pharaos, Amenophis' III.

Die mit fragwürdigen Mitteln betriebene Rückkehr zu »Ruhe und Ordnung« bewährte sich. Der unnachsichtige und zutiefst konservative Pharao hatte bei der Normalisierung der inneren Verhältnisse so viel Erfolg, daß er sich in den letzten Jahren seines Lebens vorwiegend der Bautätigkeit widmen konnte. In Karnak errichtete oder vollendete er drei große Pylone und begann anscheinend mit dem Bau der berühmten Säulenhalle, die erst unter

Abb. S. 159

Ramses II. beendet werden konnte. Eje hatte in Theben einen unvollendeten Totentempel hinterlassen. Sein Nachfolger zögerte nicht, den Bau für sich in Anspruch zu nehmen und fertigstellen zu lassen.

Bei den Ausgrabungen der altehrwürdigen Grabanlagen Ägyptens machten die Forscher zu Beginn unseres Jahrhunderts eine Entdeckung, die zunächst viel Verwirrung stiftete: Es gab zwei Gräber des Haremhab, eins in Sakkara und eins im Tal der Könige. Das Grab in Sakkara hatte Haremhab anlegen lassen, als er noch Echnatons General war. Es wurde nie benutzt, enthielt aber eine große Anzahl prachtvoller Reliefs, die heute in verschiedenen Museen bewundert werden können. Der Pharao Haremhab hatte nicht vergessen, nachträglich an allen Bildnissen, die ihn selbst zeigten, die Uräusschlange über der Stirn einmeißeln zu lassen, das Wahrzeichen seiner königlichen Würde.

Abb. S. 160

Seine letzte Ruhe fand der »Soldatenpharao« in einem großen, noch kunstvoller ausgestatteten Grab im Tal der Könige, das allerdings unvollendet blieb. Noch heute steht der prunkvolle Steinsarkophag, in den die Mumie einst gebettet worden war, an Ort und Stelle. Er ist dem Sarkophag seines Vorgängers Eje sehr ähnlich, vermutlich stammen beide aus der gleichen Werkstatt. Seine Gemahlin, die Schwester Nofretetes, wurde im benachbarten Tal der Königinnen beigesetzt, dem »Tal der Schönheit«, wie die Ägypter es ebenso ehrfurchtsvoll wie poetisch nannten.

Der letzte Herrscher der 18. Dynastie hinterließ einen straff organisierten Beamtenstaat. Ägypten hatte reumütig zu den alten Göttern zurückgefunden, die Tempeleinkünfte zeigten eine ebenso positive Bilanz wie die Staatskasse. Haremhab, der rücksichtslose Emporkömmling, hatte sich als fähiger Staatsmann und hervorragender Organisator erwiesen. Ihm gebührt durchaus ein Platz unter den Großen der Pharaonen. Trotz seiner dubiosen Herkunft und trotz seiner anfechtbaren Methoden auf dem Weg nach oben hat er letztlich mehr für das Reich geleistet als viele seiner Vorgänger aus erlauchtem Geschlecht. Einen Sohn aber, dem er das wohlbestellte Erbe hätte anvertrauen können, versagten ihm die Götter.

▶ Eine der schönsten Statuen des Ketzerpharaos zeigt den Propheten des Aton mit vergeistigten Zügen und weiblich anmutenden Körperformen.

Zwei Beispiele der Amarna-Kunst und des Amarna-Kultes:

◀ Diese Kalksteintafel mit dem Porträt Echnatons diente in einer Bildhauerwerkstatt als Muster für die Anfertigung weiterer Bildnisse des Pharaos mit den kennzeichnenden zwei Halsfalten.

▼▶ Altarbilder mit der Königsfamilie unter der Obhut der göttlichen Sonnenscheibe oder bei der Anbetung des Sonnengottes Aton gehörten offenbar zur Ausstattung jedes feudalen Privathauses.

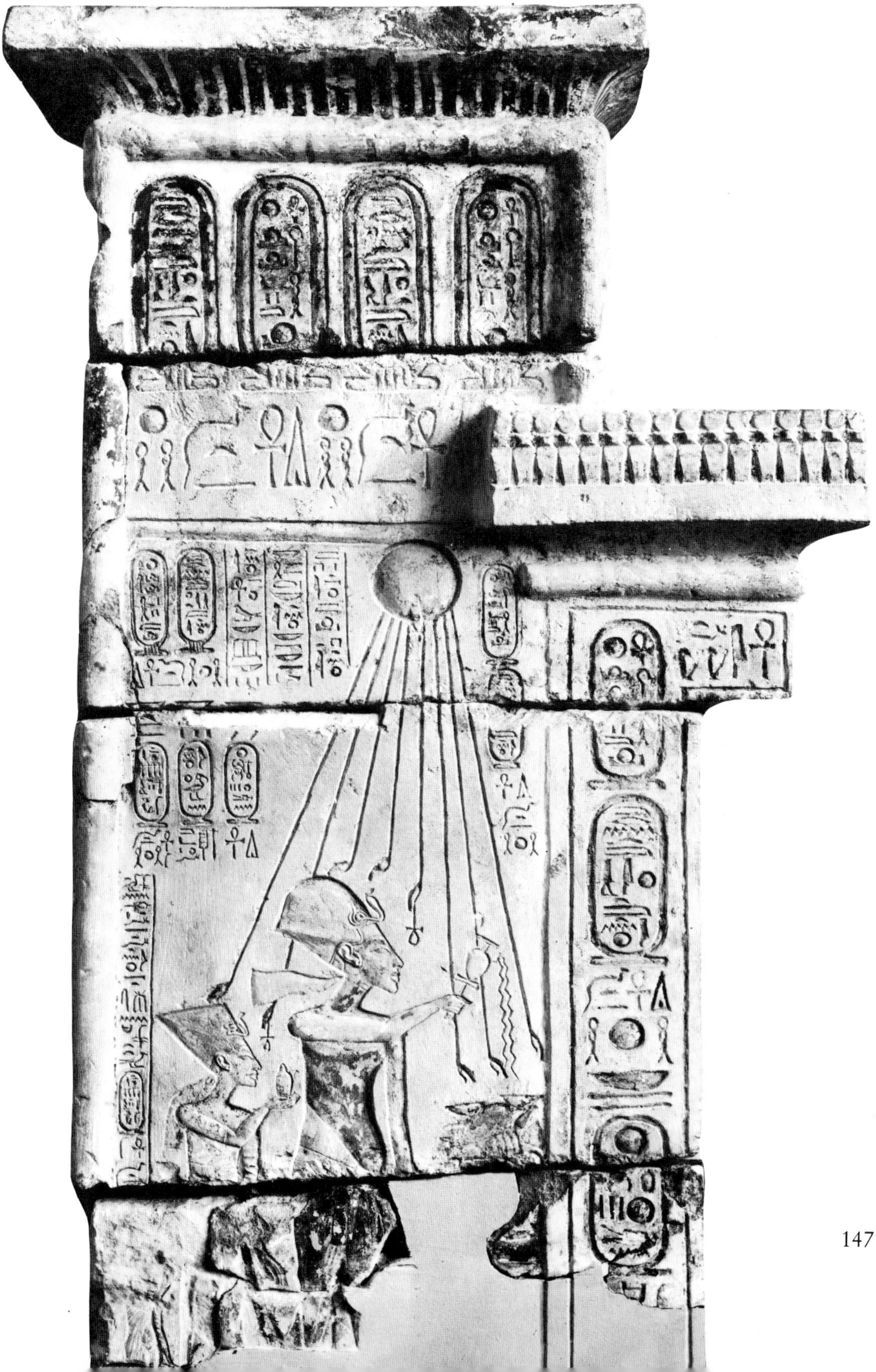

Die drei Gesichter der Königin Teje:
◀ Ein Jugendbildnis der Mutter Echnatons aus Goldblech (14 cm).
▲ Fragment eines Porträtkopfes aus Jaspis (13 cm). Darunter: Ein Ebenholzköpfchen mit den Zügen der alten Königinmutter (9 cm).
▶ Die weltberühmte Büste der Nofretete (48 cm), die 1912 von Ludwig Borchardt in der Werkstatt des Oberbildhauers Thutmosis in Amarna gefunden wurde und heute vielbeneideter Besitz des Ägyptischen Museums in Westberlin ist.

◀ Im Vordergrund der noch nicht ausgebaute Zugang zu dem 1922 entdeckten Grab Tut-ench-Amuns. Aus ihm wurden die kostbarsten Schätze der altägyptischen Kultur zu Tage gefördert. Links davon der Eingang zum Grab Ramses' VI., das bereits der Öffentlichkeit zugänglich war.
▼ Zwölf Würdenträger ziehen den Schlitten mit der Mumie Tut-ench-Amuns zu ihrem Begräbnisort. Wandgemälde aus seinem Grab.
▶ Die Sargkammer Tut-ench-Amuns mit der Königsmumie, die sich noch heute an ihrem ursprünglichen Platz befindet. Das Wandgemälde zeigt Osiris, den verstorbenen Pharao, seinen Schutzgeist Ka und die Himmelsgöttin Nut.

▼ Diese bezaubernde Kalksteinbüste (15 cm) stellt wahrscheinlich Prinzessin Anchesenpaton dar, die spätere Gemahlin Tut-ench-Amuns.

▶ Die unversehrt aufgefundene Totenmaske Tut-ench-Amuns besteht aus 22karätigem Gold mit Einlagen von Lapislazuli und farbigem Glasfluß.

Aus dem Grabschatz des Tut-ench-Amun: Das wohl kunstvollste Möbelstück des alten Ägypten ist der mit Goldblech überzogene Thronsessel. Die Reliefszene der Rückenlehne zeigt den Pharao und Anchesenamun, die ihn mit duftenden Essenzen salbt.

Rechte Seite:
Eines von 22 Schränkchen, die in Tücher gehüllte, bemalte und mit Gold überzogene Figuren des Pharaos enthielten: Tut-ench-Amun als Wanderer durch die Totenwelt, als Gott und als Majestät mit verschiedenen Kronen; hier mit der Krone Unterägyptens.

19.

◀ Ein königliches Paar beim Spaziergang im Garten. Die Darstellung auf dieser 24 cm hohen Kalksteinplatte ist umstritten. Es handelt sich entweder um Tut-ench-Amun und seine Gemahlin oder um seinen Vorgänger Semenchkare mit Meritaton, einer anderen Tochter Nofretetes.
▶ Die gleiche Unsicherheit besteht bei diesem Porträtkopf von einem Eingeweidekrug aus Alabaster. Zeigt er Prinzessin Meritaton oder ihren Gemahl Semenchkare?
▼ Schließlich wissen wir auch bei der kleinen Skulptur des küssenden Echnaton nicht, wen der König küßt: eine seiner Töchter oder seinen jungen Mitregenten Semenchkare? Rechts: Dieser Kopf des Tut-ench-Amun war das Corpus delicti eines archäologischen Skandals: Der Ausgräber Carter wollte ihn heimlich verschwinden lassen.

▼ Pharao Eje vollzieht an seinem verstorbenen Vorgänger Tut-ench-Amun das Mundöffnungsritual. Den traditionellen symbolischen Akt zeigt ein Wandgemälde im Grab des Kindkönigs. (Siehe auch Abb. Seite 192.)

▶ Haremhab, der letzte Pharao der 18. Dynastie, bringt den Göttern ein Opfer dar.
Unten: Aus den Steinen des auf seinen Befehl zerstörten Atontempels in Theben ließ Haremhab den 2. und 9. Pylon des Amuntempels in Karnak errichten.

VI Aufstieg und Fall der Ramessiden

Ramses I., der »von Re erwählte« Begründer der nächsten, der 19. Dynastie, war ebenso wie sein Vorgänger Haremhab ein *homo novus,* ein Mann, den nicht seine Herkunft, sondern persönliche Tüchtigkeit und seine Vertrauensstellung bei Hofe für die Thronfolge prädestinierten, und er war bereits ein betagter Mann, als Haremhab in Jahre 1306 starb. Schrittweise hatte der Offizier Paramessu, wie er damals noch hieß, Zutritt zu den höchsten Ämtern im Staat erlangt. Zahlreiche Statuen zeigen ihn als Schreiber, auf den Knien hält er einen halb aufgerollten Papyrus, der seine ehrenvollen Titel wiedergibt.

Namenskartuschen Ramses' I.

Mit welchen Plänen und Ideen der erste Ramses die Regierung übernahm, ist nicht überliefert. Es blieb ihm jedenfalls keine Zeit, sie zu verwirklichen. Seine Herrschaft dauerte nicht länger als ein Jahr und vier Monate. Die Regierungsgeschäfte überließ er weitgehend seinem Sohn und Mitregenten Sethos.

Die Vererbung des Thrones vom Vater auf den Sohn spielte in Ägypten, wo trotz aller Weltoffenheit und Lebensfreude das Denken der Menschen in einem für uns schwer vorstellbaren Maße von religiösen Traditionen bestimmt wurde, eine entscheidende Rolle. Der Pharao galt als Gottkönig, und zwar von Geburt an. Amun-Re, der König der Götter selber, so glaubte man, zeugte in Gestalt des regierenden Pharaos mit der Königin seinen Nachfolger, so wie Zeus, der griechische Göttervater, in Gestalt des Fürsten Amphitryon mit dessen Gemahlin Alkmene den Halbgott Herakles zeugte. Der göttliche Sohn aber stand unter dem Schutz seines göttlichen Vaters – und mit ihm das fruchtbare, gesegnete Land zu beiden Seiten des lebenspendenden Nils. Dieses Charisma, diese Legitimation göttlicher Abkunft fehlte den Herrschern Ägyptens seit dem Tode des Ketzerkönigs Echnaton. Wenn Ramses II. später demonstrativ Vater und Großvater als Götter verehrte, so führte er damit seinen Untertanen eindrucksvoll vor Augen, daß er wieder ein echter Pharao, ein Sohn des Gottes Amun-Re war und in direkter Linie von zwei Gottkönigen abstammte.

◀ Haremhab, der ehemalige General, dankt Horus, dem falkenköpfigen Schutzgott des Königtums, daß er ihn zum Pharao erhoben hat.

Das wenige, was wir aus dem Leben des Stammvaters der Ramessiden wissen, ist rasch erzählt. Er stammte wahrscheinlich aus der

Ramses I. in seinem größtenteils zerstörten Totentempel in Abydos. (Nachzeichnung eines Reliefs.)

alten Hyksosstadt Auaris, dem neuen Tanis, in der Nordostecke des Nildeltas. Schon sein Vorgänger hatte den politischen Schwerpunkt des Reiches vom Süden in den Norden verlagert, um die Position Ägyptens im Mittelmeerraum zu stärken. Theben blieb nur noch der Ruhm der »heiligen Stadt«, der ehrwürdigen Grabstätte der Pharaonen. Die mächtige thebanische Priesterkaste hat den neuen Status quo nie akzeptiert. Die Rivalität zwischen der alten und der neuen Hauptstadt, den progressiven und den konservativen Kräften führte denn auch zu schweren inneren Konflikten.

Noch zu Lebzeiten begann Ramses I. mit dem Bau seines Totentempels in Abydos, der ebenso prunkvoll werden sollte wie der seines Vorgängers. Doch sein Sohn Sethos vereitelte die Pläne des Vaters. Er begnügte sich damit, seinem Erzeuger einen bescheidenen Tempel zu errichten, der heute fast völlig zerstört ist. Da hatte der Begründer der 19. Dynastie mehr Familiensinn bewiesen. Eine Relieftafel aus seinem Totentempel zeigt ihn im Kreise seiner Angehörigen, eine für Pharaonengräber höchst ungewöhnliche Darstellung. Leider können wir nur eine einzige Person identifizieren: Sit-Re, die Gemahlin des Königs. Seine Mumie

Abb. S. 177

wurde in einem Felsengrab im Tal der Könige beigesetzt.
Sethos I. war als Mitregent seines Vaters gut vorbereitet auf die Aufgaben, die ihn als Pharao erwarteten. Trotz der wichtigen außenpolitischen Probleme, die es zu lösen galt, widmete sich der neue Herrscher zunächst einmal der vollkommenen Restitution des alten, des wahren Glaubens. Unter ihm wurde auch die letzte Erinnerung an Aton, seinen Verkünder Echnaton und dessen Gemahlin Nofretete getilgt. Bis in die entferntesten Winkel seines Reiches ließ Sethos I. an sämtlichen Denkmälern das Signum des Gottes Amun anstelle von Aton einmeißeln. Und in seinem Übereifer ließ er nicht nur den Ketzerpharao, sondern nach dem Prinzip der Sippenhaft auch die Namen seiner drei Nachfolger aus den Königslisten löschen.

Namenskartuschen Sethos' I.

Noch im ersten Jahr seiner Regierung unterwarf Sethos dann fünf Städte der Philister und schob die Grenze seines Reiches bis nach Syrien vor. Es folgte die Zerstörung von Kadesch am Orontes und der Sieg über den Fürsten von Amurru, im Gebiet des heutigen Libanon. Kleinere Feldzüge führten den rastlosen Pharao nach Nubien, wo er mit einigem Nachdruck an die pünktliche Entrichtung der Tributzahlungen erinnerte. Von all diesen militärischen Erfolgen erzählen die Reliefplatten an der nördlichen Außenwand der Säulenhalle von Karnak.
Mit einem meisterhaften Schachzug gelang es dem Pharao, sich im Lande selbst die nötige Anerkennung und Popularität zu verschaffen: Der Bau eines prächtigen Osiris-Tempels in Abydos brachte ihm mit einem Schlag die volle Unterstützung der einflußreichen Priesterschaft ein. Zu dieser Zeit wurde der ursprüngliche Sonnen- und Fruchtbarkeitsgott Osiris bereits allgemein als Totengott verehrt. Nicht nur der Pharao, sondern jeder gläubige Ägypter konnte nach seinem Tod Osiris werden und so das ewige Leben erlangen. Aus diesem Grund war kaum ein anderer Gott des ägyptischen Pantheons so beliebt wie Osiris. Seine Mysterienspiele in Abydos fanden alle vier Monate statt und zogen Tausende von Besuchern an.

Abb. S. 178

Für Sethos I. war es nicht leicht, eine persönliche Verbindung zu Osiris herzustellen. Schon sein Name wies ihn als »Mann des Seth« aus, und Seth war der verhaßte Gegenpol zu Osiris, seinem Bruder, den er erschlagen hatte wie Kain den Abel. Wir wissen nicht, ob Sethos I. mit dem Bau eines Tempels für Osiris den Gott selbst versöhnen wollte oder als geschickter Politiker nur dessen Priester. Immerhin brachte er das Kunststück fertig, die beiden göttlichen Widersacher zumindest indirekt unter einem Dach zu vereinen. Sechs Kapellen des Tempels wurden den Göttern geweiht – die siebente diente dem Kult des Pharaos, dem Mann Seths.

Die Göttin Hathor.

Die Mumie Sethos' I. wurde in dem prächtigsten aller Pharaonengräber des Königstals beigesetzt. Unter dem reichen Bild- und Reliefschmuck fand man eine interessante Illustration zur ägyptischen Version der Sintflut: Als der Sonnengott Re alt und schwach geworden war, kam es auf Erden zu einer Verschwörung gegen ihn. »Seine Majestät ist alt geworden«, sagten die Menschen. »Seine Knochen sind Silber, sein Fleisch ist Gold, und sein Haar ist echter Lapislazuli.«[27] Empört schickte Re seine Tochter Hathor aus, um das Menschengeschlecht zu vernichten. Sie nahm die Gestalt der kriegerischen Löwengöttin Sachmet an, die niemand mehr besänftigen kann, wenn sie Blut gekostet hat. Doch der Göttervater bekam Mitleid mit den Menschen. Er ließ roten Wein auf die Erde schütten. Gierig trank die rasende Göttin von dem vermeintlichen Blut. Als sie aus ihrem Rausch erwachte, hatte sie sich wieder in die friedliche Göttin Hathor verwandelt. So wurde die Menschheit gerettet. Re aber zog sich, enttäuscht von der Treulosigkeit der Erdbewohner, in den Himmel zurück, auf den Rücken der Himmelskuh. Aus seinem himmlischen Königreich machte er eine Zufluchtsstätte für die Toten, die auf ein ewiges Leben hoffen durften – ein Bildthema, das wie geschaffen ist für die Dekoration eines Grabraums.

Abb. S. 179, 180/181

Als echter Hirt seines Volkes kümmerte Sethos sich aber auch um weniger spektakuläre Belange. Nicht ohne Stolz berichtet er von der Anlage eines neuen Brunnens in der Wüste: »Wie schrecklich ist ein Weg ohne Wasser! Wie muß es den Reisenden ergehen? Ihre Kehle muß ausgetrocknet sein. Womit sollen sie ihren Durst löschen? Wehe dem Mann, der in der Wüste Durst erleidet! Komm, ich werde für sein Wohl sorgen. Ich werde dafür sorgen, daß er am Leben bleibt, daß man meinen Namen in kommenden Jahren segnen wird und daß kommende Generationen meine Taten preisen, weil ich Mitleid habe und an die Reisenden denke.«[28]
Bei den »Reisenden« handelte es sich um Goldwäscher, die in den Minen nahe des Roten Meeres für den Pharao Gold schürfen sollten, zur Finanzierung des Osiris-Tempels. Viele waren in der Wüste verdurstet, noch bevor sie ihr Ziel erreicht hatten.
Sethos I. war mit Tuja verheiratet, der Tochter Raias, eines Generals der Reiterei. Obwohl der König bei seinem Tode nicht einmal 40 Jahre alt war, hatte er seinen Sohn Ramses schon zu seinem Mitregenten ernannt. Der Kronprinz war Mitte Zwanzig, als er

1290 seinem Vater auf den Thron folgte. Neben einer Schar von Konkubinen besaß er zu diesem Zeitpunkt zwei legitime Gemahlinnen, Isis-Nefert und Nofretari (»Die Schönste von allen«), seine Lieblingsfrau.

Abb. S. 182/183, 188/189

Ramses II. lebte, dachte und baute in wahrhaft gigantischen Dimensionen. Er war ein Pharao der Superlative, ein Liebling der Götter, die ihm alles, was den Menschen seiner Zeit erstrebenswert schien, im Übermaß schenkten: reichen Kindersegen, ein langes Leben, Ruhm als Kriegsherr und glänzende Erfolge in Perioden des Friedens. Zahlreiche Tempel und Denkmäler künden noch heute von seiner Macht und Größe – wobei Größe durchaus auch wörtlich zu verstehen ist: Ramses der Große maß knapp zwei Meter.

Der Pharao ließ seinem Vater, der ihn früh auf seine staatsmännischen Aufgaben vorbereitet hatte, ein goldenes Standbild errichten und göttliche Verehrung zuteil werden. Das Begräbnis

Sethos I. als Osiris. Relief vom Sarkophag des Pharaos.

Miniaturrelief von Ramses II. als Kind, mit dem Finger im Mund (Kalkstein, 18 cm).

Sethos' I. wurde mit allem nur denkbaren Pomp begangen. Sein Alabastersarkophag gehört zu den schönsten Zeugnissen der ägyptischen Kunst.
Ehrgeizig strebte Ramses II. nach militärischem Ruhm. Die auf verschiedenen Stellen im Grenzgebiet detailliert verzeichneten Siege der ersten Jahre lassen sich allerdings unschwer als Grenzinspektionen »ohne Feindberührung« entlarven: Bei seinen Expeditionen nach Nubien, durch die Sinaihalbinsel und in den Libanon kam es zu keiner einzigen Schlacht. Die Nachbarn schienen die unter Sethos I. gefestigten Grenzen des ägyptischen Imperiums auch weiterhin zu respektieren.
Hat der junge Pharao die blutige Auseinandersetzung, die seinem auf tönernen Füßen stehenden Ruf als unbezwingbarer Feldherr echten Glanz verleihen sollte, mutwillig gesucht, oder geriet er aufgrund geradezu sträflicher Sorg- und Ahnungslosigkeit in das Abenteuer von Kadesch, das seinen legendären Ruhm als tollkühner Schlachtenlenker schließlich doch legitimierte? Seine beispiellose Tapferkeit wurde jedenfalls auf zahlreichen Reliefs und Inschriften an den Tempelmauern von Abu Simbel, Luxor, Karnak, Abydos und Theben verherrlicht – ein in Stein gemeißeltes ägyptisches Heldenepos.
Als die Hethiter unvermutet in das bei Kadesch aufgeschlagene Feldlager des Pharaos einbrachen, flohen seine Soldaten in wilder Panik. Während ein Teil der Feinde bereits im Siegestaumel mit der Plünderung begann, nahm Ramses II., nur von einem verlorenen Häuflein seiner engsten Begleiter umgeben, todesmutig den Kampf auf. Die folgende Schilderung des dramatischen Geschehens verfaßte der Pharao vermutlich selber: »Und Seine Majestät schaute in die Runde und fand sich rings umgeben von 2500 Pferdegespannen. Sie waren zu dritt auf einem Rossegespann als eine Einheit, während kein Hauptmann bei mir war, kein Streitwagenlenker, kein Soldat der Truppen, kein Schildträger. Meine Infanterie und meine Wagentruppe lösten sich auf vor ihnen, kein einziger von ihnen hielt stand, um mit ihnen zu kämpfen.«[29] Wenn man der martialischen Selbstdarstellung glauben darf, warf der König die Feinde – 2500 hethitische Streitwagen – eigenhändig zurück und viele von ihnen in den Orontes.
Doch auch die Hethiter beanspruchten den Sieg für sich, wie den Aufzeichnungen im Tontafelarchiv ihres Königs Muwatallis zu entnehmen ist. Dort finden wir sogar die Behauptung, Ramses II. sei buchstäblich in die Flucht geschlagen worden und habe sich bis nach Damaskus zurückziehen müssen. Die Wahrheit liegt wohl

Einbruch der Hethiter in das Feldlager der Ägypter bei Kadesch. In der Mitte rechts die zahme Löwin Ramses' II.

in der Mitte. Die Schlacht wird unentschieden geendet haben, forderte aber auf beiden Seiten so starke Verluste, daß weder die Ägypter noch die Hethiter Lust verspürten, ihre Kräfte aufs neue aneinander zu messen.
Ramses II. aber hatte das seltene Glück, nach der Schlacht von Kadesch (1286) seine sagenhaften Fähigkeiten als oberster Kriegsherr – er verglich sich kühn mit dem Kriegsgott Month – nie wieder unter Beweis stellen zu müssen. Die kleineren Feldzüge der nächsten Jahre gegen rebellierende Fürsten in Syrien und Palästina glichen eher Strafexpeditionen, dann war der Friede gesichert – bis zum Tode des Pharaos im Jahre 1224.
Der Sieg von Kadesch festigte das Ansehen des jungen Herrschers im eigenen Land außerordentlich. Nun fand Ramses II. Muße, sich an den angenehmen Dingen des Lebens zu erfreuen. Zu seinen liebsten Zerstreuungen gehörte die Jagd. Ein uraltes Privileg sprach allein dem Pharao das Recht zu, Löwen zu erlegen. Man war davon überzeugt, daß sich die Kraft des Königs der Tiere auf magische Weise auf seinen Bezwinger übertrug. Ramses II. besaß übrigens eine zahme Löwin, von der er sich nur ungern trennte. Sie begleitete ihn sogar in die Schlacht von Kadesch.
Viel Zeit und Ausdauer muß den jungen Pharao auch der stets gut gefüllte Harem gekostet haben, in dem weit über hundert Nebenfrauen lebten. Stolz zeichnete der wohl fruchtbarste Herrscher der Weltgeschichte die Namen seiner zahlreichen Kinder an verschiedenen Tempelwänden auf. Wie viele es tatsächlich waren, läßt sich nicht mit Sicherheit ermitteln. Die Zahlenangaben schwanken zwischen »weniger als 100« und »nahezu 200«. Ver-

Namenskartuschen Ramses' II.

schwenderische Gastmähler und großzügig ausgestattete religiöse Feste lösten einander ab. Zu diesen privaten und repräsentativen Verpflichtungen kam ein weiteres gewaltiges Aufgabengebiet. Geradezu besessen von einer Bauleidenschaft, die seinen Architekten, Ingenieuren, Technikern und nicht zuletzt dem Heer der namenlosen Arbeiter das letzte abverlangte, ließ Ramses II. überall im Land gigantische Tempelbauten errichten, die den ewigen Ruhm der Götter, nicht zuletzt aber auch den ewigen Ruhm des Gottkönigs Ramses verkünden sollten.

Von Abu Simbel in Nubien bis hinauf zur neuen Hauptstadt Per-Ramses (auch Pi-Ramses, d. h. Ramses-Stadt), die der Pharao auf den Grundmauern des alten Auaris im Nildelta anlegen ließ, begegnet der Reisende noch heute überall den Überresten der prächtigen Bauten dieser Zeit. In Abydos errichtete der König seinen Totentempel aus feinstem Sandstein sowie rotem und schwarzem Granit. Er wurde mit auffallend schön gearbeiteten Flachreliefs geschmückt. Der regelmäßige Grundriß der Tempel-

Abb. S. 184/185

anlage entspricht dem des Ramesseums, seines zweiten Totentempels in Theben. Es war dem Gott Amun geweiht und enthielt neben den Sakralräumen eine Bibliothek, eine Priesterschule und einen dreischiffigen Säulensaal mit 48 Papyrussäulen. Heute noch gut erhaltene Magazine und Wohngebäude umgaben den Tempel, auch ein kleiner Königspalast befand sich darunter. Eine etwa 20 Meter hohe Kolossalstatue Ramses' II. aus Rosengranit soll auf Befehl des Perserkönigs Kambyses im Jahre 525 v. Chr. zerschlagen worden sein. Reste von ihr sind heute noch zu sehen.

Abb. S. 186

In Karnak ließ Ramses II. den großen Säulensaal vollenden, den sein Vater bereits begonnen hatte. Er galt in der Antike als ein Weltwunder. Die Monumentalität dieser gewaltigen Anlage stellte alles in den Schatten, was seine Vorgänger hier zum Preise der Götter geschaffen hatten. Ramses II. ließ den Kolonnadengang, der den Vorhof mit dem Amuntempel verband, zu einer prächtigen Säulenhalle ausbauen, der symbolischen Darstellung eines heiligen Haines. Ein Wald aus 134 Sandsteinsäulen bedeckt eine Fläche von 5 356 Quadratmetern, das entspricht beinahe der Gesamtfläche des Kölner Doms.

In Memphis errichtete der Pharao einen repräsentativen Tempel für Ptah, den Schutzgott des Königtums. Hier fand nach dreißigjähriger Herrschaft eines Königs das Sedfest statt, ein Regierungsjubiläum, das dann alle drei Jahre wiederholt wurde. Ramses II. war der einzige Pharao, der diese Feier dreizehnmal beging. Auch in Memphis fand man zwei Kolossalstatuen des Königs, zu seinen

Füßen seine Tochter-Gemahlin Bent-Anat, die aus seiner Ehe mit Nofretari stammte.

Aufgrund der großartigen internationalen Aktion zur Rettung der beiden Ramsestempel in Abu Simbel in den Jahren 1956 bis 1968 sind diese Bauwerke in aller Welt berühmt geworden. Den kleineren Tempel ließ Ramses II. für Nofretari errichten, der größere war für den Kult der Reichsgötter Amun-Re von Theben und Re-Harachte von Heliopolis bestimmt. Auch der Ptah von Memphis wurde hier verehrt – und natürlich der Gottkönig selber. Ramses ließ sich als Horus anbeten. Bereits von der ersten Dynastie an galt ja der regierende Pharao als Inkarnation dieses jugendlichen Himmelsgottes. Nofretari wurde als Göttin Hathor verehrt, die man in dieser Zeit häufig mit Isis, der Mutter des Horus, gleichsetzte. An der Fassade ihres Tempels erscheint zweimal das Standbild der Königin, eingerahmt von Statuen ihres großmächtigen Gatten. Nie zuvor war in Ägypten eine Frau an der äußeren Tempelfassade dargestellt worden.

Abb. S. 187

Alle Figuren wurden direkt aus dem Felsen herausgemeißelt – eine künstlerische und handwerkliche Glanzleistung der ägyptischen Bildhauer, die uns höchste Bewunderung abnötigt. Von einer vergröberten Wiedergabe der königlichen Familie kann trotz der unvorstellbaren technischen Schwierigkeiten keine Rede sein. In ihrer fließenden Harmonie und hoheitsvollen Würde sind die Skulpturen von sprechender Anmut. Vergleiche mit anderen Porträts des Königs ergeben, daß physiognomische Ähnlichkeit –

Kolossalstatuen von Ramses II. und Nofretari an der Fassade des Kleinen Felsentempels von Abu Simbel. Neben den Beinen des Herrscherpaares ihre Söhne und Töchter.

wenn auch nicht frei von einer gewißen Idealisierung – nicht nur angestrebt, sondern tatsächlich erreicht wurde.
Zweifellos gehören die Tempel von Abu Simbel zu den absoluten Höhepunkten der ägyptischen Architektur. Wir können hier unmöglich alle Großprojekte des »Baulöwen der ägyptischen Antike«, wie Philipp Vandenberg Ramses II. genannt hat, anführen. Doch sei wenigstens erwähnt, daß der Pharao allein seinem Lieb-

Die schönste Statue des großen Ramses besitzt das Museo Egizio in Turin (Granit, 194 cm).

lingsgott Seth drei neue Tempel stiftete. Die enge Verbundenheit der Herrscher der 19. Dynastie mit diesem sonst eher verachteten Gott ist noch nicht eindeutig geklärt worden. Nach manchen Theorien beruht sie auf der Herkunft der Ramessiden aus der Hyksosstadt Auaris, was zu dem Schluß führen könnte, daß diese Pharaonen gar keine Ägypter waren, sondern Nachkommen der aus Asien ins Land eingedrungenen Fremdlinge. Für diese Vermutung spricht vielleicht die Tatsache, daß die Mumie Ramses' II. blondes Haar besitzt, wie es für die europide Mittelmeerrasse typisch ist. Andere meinen, die bevorzugte Verehrung Seths sei darauf zurückzuführen, daß Seth als »Herr der fremden Länder« den Pharao bei der Wahrung seiner Interessen außerhalb der Landesgrenzen besser unterstützen konnte als jeder andere Gott. Dieses Argument erklärt allerdings nicht, weshalb schon der Vater von Ramses I., ein Hauptmann, den Namen Sethos trug.

Handel und Gewerbe blühten im Reich Ramses' II. wie nie zuvor in Ägypten. Die wertvollsten Güter aus aller Welt wurden importiert; zum Teil kostenlos, als Tributleistungen unterworfener Fürsten, zum Teil im Austausch gegen begehrte Exportartikel wie Gold aus den Bergwerken Nubiens und des Sudan, ferner Weizen, Gerste und Wein. Auf den Anbau und die Pflege der Rebstöcke legte der König besonderen Wert.

Arbeitslosigkeit war unbekannt in dieser Zeit. Für die Monumentalbauten des Pharaos wurden Abertausende von Hilfskräften benötigt. Jedermann fand sein Auskommen. Die Entlohnung erfolgte nach alter Tradition in Naturalien; Getreidezuteilungen bildeten den Grundlohn. Abgesehen vom Festschmaus bei großen religiösen Feiern, wurde kaum Fleisch gegessen, dafür aber reichlich Gemüse und Obst. Umgeben von fruchtbaren Feldern und Gärten, wurde die Hauptstadt im Nildelta zu einem regelrechten Paradies für Schlemmer.

Der Stolz des Pharaos auf seine eigene Stadt kommt in folgender Inschrift zum Ausdruck: »Ihre Scheunen sind voll von Weizen und Gerste und reichen bis zum Himmel. Ihre Gärten sind voll von Gurken, Knoblauch, Rettich und grünen Kräutern, in ihren Obsthainen wachsen Dattelpalmen, Granatäpfel, Oliven und Weinreben. Ihre Teiche sind voll von Fischen. In den Papyrussümpfen gibt es viele Vögel. Der Tebi-Wein übertrifft den Honig an Süße, außerdem gibt es Bier zu trinken.«[30]

Unzufriedenheit und Verbitterung aber herrschten bei den hebräischen Einwanderern, die Ramses II. in seiner Bauwut kurzerhand zur Fronarbeit verpflichtete. Ursprünglich waren sie als

Sudanesische Sklaven beim Appell und semitische Zwangsarbeiter bei der Herstellung von Ziegeln.

Hirten ins Land gekommen. Freiheitsliebend und an ein ungebundenes Leben gewöhnt, lehnten sie sich gegen die eintönige Arbeit in den Ziegeleien auf. Zum offenen Ausbruch der Empörung kam es allerdings erst unter Merenptah, dem Nachfolger Ramses' II.

Die ständig drohende Gefahr einer neuerlichen kriegerischen Auseinandersetzung mit den Hethitern wurde 16 Jahre nach der Schlacht von Kadesch gebannt. Nach dem Tode seines Vaters Muwatallis schloß ihr neuer König Chattusil III. mit dem Pharao einen Friedensvertrag ab. Zur Verständigungsbereitschaft des Hethiterkönigs trug wesentlich bei, daß die mächtigen Assyrer im Westen seines Reiches gefährliche Expansionsgelüste zeigten. Die insgesamt achtzehn Paragraphen des gegenseitigen Nichtangriffs- und Beistandspaktes – des ältesten internationalen Vertragswerks, das wir bis heute kennen – sind in ägyptischer und hethitischer Ausfertigung erhalten geblieben. Den Hieroglyphentext fand man an einer Tempelwand von Karnak, den hethitischen, in babylonischer Keilschrift, auf zwei Tontafeln in Boghazköi, unter den Trümmern der alten Hethiterhauptstadt Chattuscha.

Wie ernst es Chattusil mit der Festigung der freundschaftlichen Beziehungen zu Ägypten war, bewies er nach dem Tode von Nofretari um 1262, als er dem Pharao seine älteste Tochter zur Frau gab, die uns nur unter ihrem ägyptischen Namen Maa-Neferu-Re bekannt ist. Sie wurde mit einer kostspieligen Mitgift ausgestattet, und ihre Schönheit erregte das Entzücken des Königs.

Ebenso wie sein Vater war auch Ramses II. schon früh auf die Sicherung der Thronfolge bedacht. Sein ungewöhnlich langes Leben zwang ihn jedoch dazu, seine Pläne immer wieder zu ändern. Zwölf seiner Söhne starben vor ihm, darunter auch sein Favorit, der vielseitig begabte Chaemwese, dessen Mutter Isis-Nefert war. Ramses der Große starb 1224 im Alter von 91 Jahren. Seine Mumie gab den Wissenschaftlern eine Menge Rätsel auf. Wieso hatte der Pharao fast bis auf die Wurzeln abgewetzte Zähne, wie man sie sonst nur bei Nomaden findet, die vorwiegend von roher Körnernahrung leben? Woher stammte die Tabakpflanze, die offenbar bei der Mumifizierung Verwendung gefunden hatte? War der König infolge einer fortgeschrittenen Arterienverkalkung in den letzten Lebensjahren nicht mehr im Vollbesitz seiner geistigen Kräfte? Gestorben ist Ramses II. höchstwahrscheinlich an einem eitrigen Abszeß am Unterkiefer. Der Kopf war noch so gut erhalten, daß es französischen Wissenschaftlern vor kurzem gelang, mit Hilfe modernster kartographischer und photogrammetrischer Methoden seine Züge in allen Einzelheiten nachzubilden. Man darf gespannt sein auf die Veröffentlichung dieses ersten »authentischen« Pharaonenporträts.

Der alternde Ramses II. bei einer Orgie im Harem. (Zeichnung nach dem Turiner Papyrus.)

Merenptah, ein Sohn der Isis-Nefert, war bereits 55 Jahre alt, als er seinem Vater auf den Thron folgte. Er regierte bis 1204 und war mit seiner Schwester verheiratet. Den Ehrgeiz seines Vaters, als großer königlicher Bauherr in die Geschichte einzugehen, scheint Merenptah, sein dreizehnter Sohn, nicht geerbt zu haben. Großen Wert legte er allein auf die Ausstattung seines Grabes im Tal der Könige. Der neue Pharao hatte freilich auch nicht viel Zeit, sich friedlicher Bautätigkeit zu widmen. Unmittelbar nach dem Tod seines schon zu Lebzeiten legendär gewordenen Vaters brachen an allen Ecken des ägyptischen Imperiums Unruhen aus. Von Westen her fielen die Libyer ins Nildelta ein, unterstützt von den sogenannten Seevölkern. Der Sieg der Ägypter über die Eindringlinge im Jahre 1220 ist das wichtigste historische Ereignis unter Merenptah. Die Siegesinschrift am Tempel von Karnak ver-

Abb. S. 190

zeichnet die Namen der unter dem Sammelbegriff Seevölker zusammengefaßten Völkergruppen. Identifizieren lassen sich u. a. die Luka als Lykier, die Turscha als Tyrsener und die Schekresch als Sizilianer – Namen, die aus dem frühgriechischen Kulturkreis bekannt sind. Der Pharao, damals fast 60 Jahre alt, nahm an den Kämpfen nicht persönlich teil. Ein gutes Omen verkündete ihm den Sieg im voraus: Der Gott Ptah, dem König schon durch seinen Namen eng verbunden, erschien ihm im Traum und reichte ihm einen Säbel mit den Worten: »Ergreif ihn, lege dein zaghaftes Herz ab!«[31]

Eine der wenigen Skulpturen des Pharaos Merenptah.

Man nimmt heute allgemein an, daß der Exodus der zwangsverpflichteten hebräischen Bauarbeiter, bekannt als der Auszug der Kinder Israels unter ihrem Anführer Moses, sowie die zehn Plagen, die ihr Gott Jahwe über Ägypten brachte, sich unter der Regierung Merenptahs zutrugen. Mit einiger Vorsicht dürfen wir aus dem Bibeltext schließen, daß sich zu den außen- und innenpolitischen Schwierigkeiten, mit denen der Pharao sich konfrontiert sah, eine unglückliche Summierung von Seuchen und Naturkatastrophen gesellte, die sein Land heimsuchten.

Nach dem Tode Merenptahs begannen die Erbstreitigkeiten. Seltsamerweise gelangte zunächst sein illegitimer Sohn Amenmesse auf den Thron. Er scheint jedoch nicht viel mehr als ein Spielball in den Händen der thebanischen Priester gewesen zu sein. Spuren seiner Herrschaft lassen sich nur in Theben auffinden. Amenmesse starb bereits drei Jahre später und wurde in einem schmucklosen Grab beigesetzt.

Abb. S. 190

Von seinem Nachfolger, dem legitimen Sohn Merenptahs, der unter dem Namen Sethos II. regierte, läßt sich kaum mehr berichten, als daß er sich ein Prunkgrab im Tal der Könige anlegen ließ. Er starb im Jahre 1194 und hinterließ einen Sohn, der damals etwa 13 Jahre alt war.

Der seit einer frühen Kinderlähmung durch einen Klumpfuß behinderte blutjunge Pharao Siptah entwickelte eine unerwartete Energie. Geschickt überspielte er seine Mutter, die Königin Tausret, bei der Führung der Regierungsgeschäfte. Er sicherte zunächst seine Herrschaft in Nubien, um dann entschlossen den Aufstand der thebanischen Priesterkaste niederzuschlagen. Leider starb der vielversprechende Siptah schon im Alter von etwa 18 Jahren. Noch 24 Monate regierte seine Mutter allein. Mit ihrem Tod erlosch die von Ramses I. gegründete 19. Dynastie. Offene Anarchie brach aus. Raubüberfälle, Mord und Totschlag waren im verwaisten Land der Pharaonen an der Tagesordnung.

Von Westen und Osten her drangen erneut Libyer und Seevölker ein. Wieder war es ein Offizier, der das Reich vor dem Chaos rettete. Sethnacht war schon ein alter Mann, als er das Staatsruder an sich riß. Der Begründer der 20. Dynastie machte seinen Sohn, der sich Ramses nannte, zu seinem Mitregenten.

Zwei Jahre später, im Jahr 1184, wurde Ramses III. Pharao. Sein großes Vorbild war Ramses II., und er versuchte, ihn bis ins Detail zu kopieren. Es gelang ihm, Palästina zu sichern und die Seevölker, die das mächtige Reich der Hethiter bereits aufgerieben hatten, an den Grenzen Ägyptens abzuwehren. Unter Aufbietung aller Kräfte schlug Ramses III. in einer großen See- und Landschlacht die auf der Suche nach Siedlungsland vordringenden indoeuropäischen Völkergruppen und die Libyer. Dieser Sieg verschaffte dem ägyptischen Weltreich eine letzte Atempause. Der Pharao nutzte sie, um seine ehrgeizigen Bauvorhaben zu verwirklichen, und brachte das Land damit an den Rand des Ruins. Die Rechnung mußte sein Nachfolger begleichen.

Ramses III. scheint von Anfang an die Aussöhnung mit den einflußreichen Amunpriestern angestrebt zu haben. Seine Residenz verlegte er von Per-Ramses, wo er einen Sethtempel erbaut hatte, nach Theben. Dort ließ er einen prächtigen Königspalast und seinen Totentempel errichten und in Karnak einen neuen Amuntempel. Kurz nach seinem dreißigjährigen Regierungsjubiläum führte eine Palastintrige zur Ermordung des Pharaos. Einer seiner Söhne wurde Söhne wurde als Ramses IV. sein Nachfolger.

Abb. S. 190

Rekonstruktion des Totentempels von Ramses III. in Theben-West am Nilufer. Im Vordergrund die Kaianlage.

Ramses III., der fast 31 Jahre lang die Geschicke des Landes lenkte, war die letzte bedeutende Herrscherpersönlichkeit seiner Zeit, wenn nicht des Ägyptischen Reiches überhaupt. Seinen Erben, den letzten Ramessiden, fehlte es an den bescheidensten Mitteln zur Lösung politischer Aufgaben. Nur ihre zum Teil farben-
Abb. S. 191 prächtig ausgemalten Gräber erinnern noch an ihre Existenz. Ramses XI., der letzte in dieser Reihe, wurde das Opfer eines Militärputsches. In der permanenten Rivalität zwischen den Pharaonen und der Priesterschaft hatte schließlich die letztere triumphiert – sehr zum Schaden des Reiches. Die Könige waren nur noch Marionetten an den Fäden der Amunpriester, die das Militär und die Justiz kontrollierten, vor allem aber die Finanzen verwalteten.

Ein entscheidender Faktor, der zum Untergang der 20. Dynastie beitrug, war das Ende der Bronze- und der Beginn der Eisenzeit um 1150. Aufgrund der reichen Kupfervorkommen im Sinai hatten die Ägypter in der Bronzezeit ein gewisses Wirtschaftsmonopol im Mittelmeerraum inne, aber sie besaßen keine Eisenerze und konnten nach dem Ausfall des Hethiterreiches auch nur schwer neue Bezugsquellen erschließen. Die Folge war ein beängstigender Preisanstieg für Getreide und andere lebenswichtige Güter. Hungersnöte und Streikwellen erschütterten das Land in seinen Grundfesten. Veruntreuung von Staatsgeldern, Korruption und Mißwirtschaft beschleunigten den Verfall. Die ersten organisierten Plünderungen von Pharaonengräbern werden aus dieser dunklen Epoche überliefert. Es waren die Jahre »der Hyänen, in denen die Menschen hungerten«[32]. Das einst so mächtige Reich der Pharaonen war dem Untergang geweiht.

▶ Die Sonnenbarke mit dem Gott Re und der Schlange Mehen als Wegbereiterin bringt Ramses I. ins Jenseits. Wandbild aus seinem Grab.

◀ Die Göttin Isis und ein weihräuchernder Priester vor Sethos I. als Osiris. Relief aus seinem Tempel in Abydos.
▼ Blick ins Grab des Pharaos mit seinen verschiedenen Kammern: Sethos opfert Hathor (links) und dem Amun mit der Doppelfederkrone (rechts).

Folgende Doppelseite:
Das Deckengemälde im »Goldsaal« zeigt Sternbilder in Form magischer Tiergestalten, umgeben von einer Götterprozession.

Dreimal Ramses der Große:
◄ Der Kopf einer Kolossalstatue vor dem Ramesseum in Theben.
▼ Als siegreicher Feldherr verfolgt er in seinem Streitwagen aufständische Nubier. (Rekonstruktion eines Reliefs aus dem Tempel in Luxor.)
▲ Der Verstorbene als Osiris auf seinem hölzernen Mumiensarg.

▼ Im Ramesseum fand man diese farbige Kalksteinskulptur einer namentlich nicht bekannten Gemahlin des großen Ramses. Sie ist mit einer feinlokkigen Perücke, Uräusschlangen-Diadem und Krone geschmückt (75 cm). In der Hand hält sie den Kopf einer Gottheit. Man erwies einem Pharao Reverenz, indem man solche Objekte schüttelte.

Das blieb vom Ramesseum übrig, dem mächtigen Grabtempel Ramses' II. in Theben-West. Er zählte zu den flächenmäßig größten Bauwerken Ägyptens und wurde 525 v. Chr. von dem Perserkönig Kambyses zerstört.

◀ Blick in den von Ramses errichteten gigantischen Säulensaal des Amuntempels von Karnak.
▼ Die Fassade des Großen Felsentempels von Abu Simbel vor dem Bau des Assuan-Staudamms.
▶ Transport einer Kolossalstatue Ramses' II. bei der Versetzung des Tempels an einen 64 m über dem Nil gelegenen Platz.

Folgende Doppelseite: Von großer Farbenpracht und hoher künstlerischer Qualität sind die Wandmalereien in dem 1904 erschlossenen Grab der Nofretari. Im Mittelteil dieser Bildfolge wird die Königin von Isis durch die Unterwelt geführt.

Die Nachfolger des großen Ramses.
◀ Außen: Wandbild aus dem Grab des Merenptah: Der Pharao tritt vor den falkenköpfigen Re-Harachte. Daneben: Sethos II. bringt dem Totengott Sokar ein Bild der Gerechtigkeitsgöttin Maat dar. Wandgemälde aus dem Grab des Königs.
Unten: Ramses III., porträtiert im Grab seines Sohnes Amunherchopschef.
Schwer deutbare mythologische Szenen aus dem Totenreich schmücken das Grab Ramses' VI.
▶ Hier behüten Dämonen der Finsternis während der Nacht die Sonne.
▼ Die Göttin Nut »verkörpert« die Begrenzung des lichten Universums, und durch die Unterwelt zieht die Prozession der Toten.

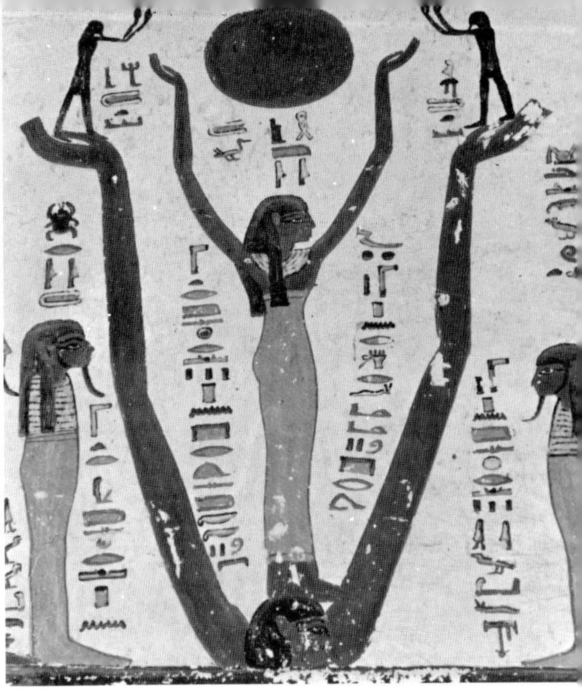

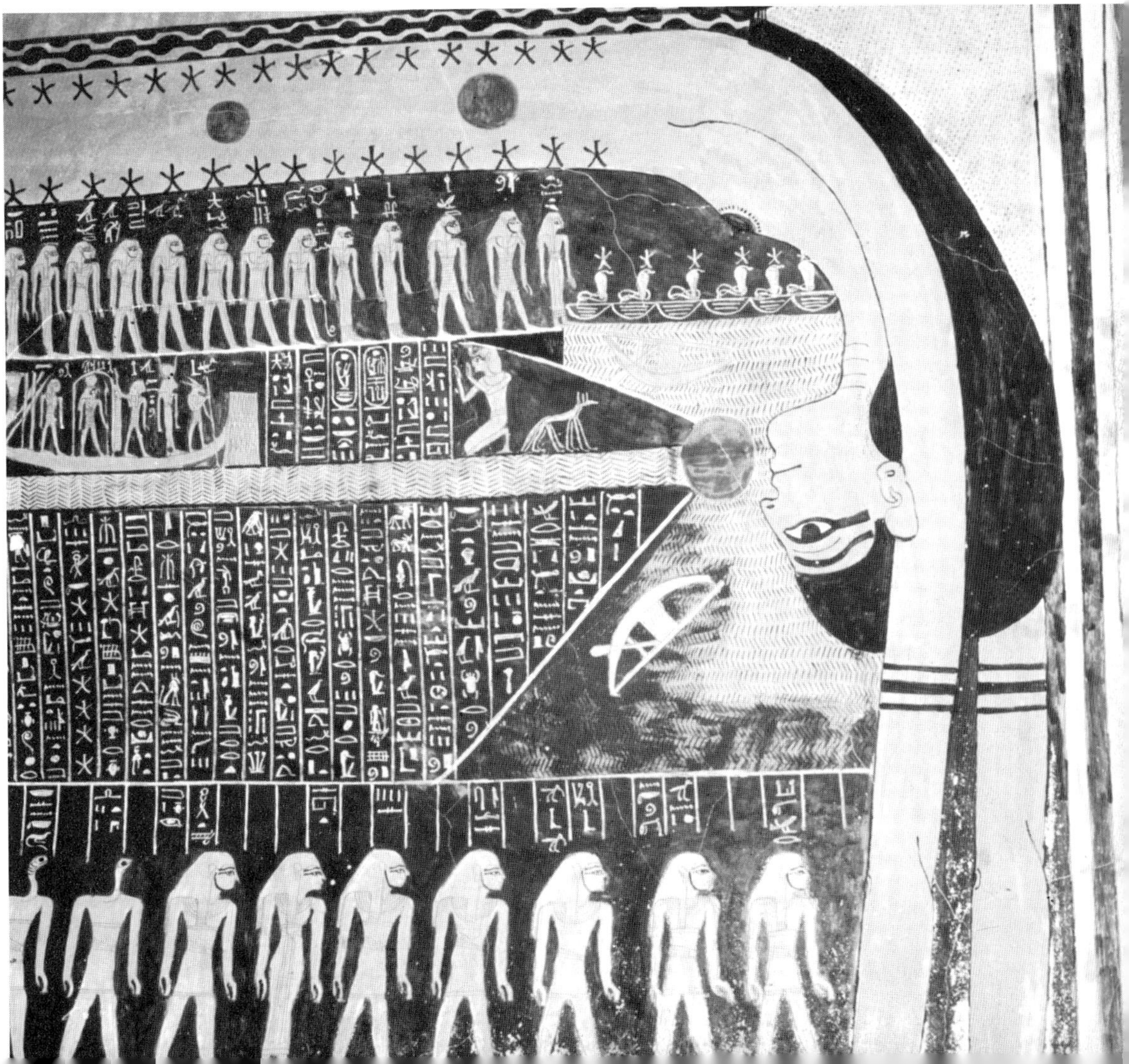

VII Die Herren aus der Fremde

Die Stadt Mendes im östlichen Nildelta ist die Heimat eines uralten Widderkultes. Aber es war nicht der widderköpfige Amun mit hufeisenförmig nach unten gerollten Hörnern, der hier verehrt wurde, sondern ein älterer Widdertypus mit seitlich ausladenden, korkenzieherartig gedrehten Hörnern. Als die ältere Widderrasse mit dem Spiralgehörn in der Hyksos-Zeit verdrängt wurde und allmählich ausstarb, wurde der Widder von Mendes durch einen Ziegenbock ersetzt. So gelangte auch die Ziege noch zu göttlichen Ehren, und zwar als Symbol der Fruchtbarkeit und Zeugungskraft.

Der Begründer der 21. Dynastie, Smendes, stammte aus einer alten Familie in Mendes. Sein Name bedeutet »der, welcher dem Widder von Mendes gehört«. Smendes hatte wahrscheinlich schon unter Ramses XI. als Wesir die eigentliche Herrschaft ausgeübt. Er übernahm die ramessidische Residenz in Tanis, obwohl er keinerlei legitimen Anspruch auf den Thron geltend machen konnte. Seine Gemahlin Tentamun dagegen gehörte vermutlich einem Fürstengeschlecht an. Sie besaß ausgezeichnete Beziehungen zu Theben, wo sich noch zu Lebzeiten Ramses' XI. eine erbliche Dynastie von Priesterkönigen etabliert hatte.

Die thebanische Theokratie war von Herihor begründet worden, einem Amun-Oberpriester von eigenen Gnaden. Er signierte auf zahlreichen Denkmälern bereits mit voller Königstitulatur: »Horus, Starker Stier, Sohn des Amun; König von Ober- und Unterägypten, Herr der beiden Länder, Erster Prophet des Amun; leiblicher Sohn des Re, Sohn des Amun Herihor.«[33] Tatsächlich gingen seine militärischen, richterlichen und priesterlichen Machtbefugnisse kaum über den Tempelbezirk von Karnak hinaus. Erst seine Nachfolger beherrschten Oberägypten.

Zwischen den Pharaonen in Tanis und den Priesterkönigen in Theben bestand während der rund hundert Jahre der 21. Dynastie ein höchst freundschaftliches Einvernehmen. Diese befremdliche Tatsache läßt sich nicht allein mit der Schwäche der tanitischen Herrscher erklären. Hinzu kam ein tiefgreifender Wandel der Staatsidee. Das Dogma von der Göttlichkeit des Pharaos hatte seine zwingende Faszination verloren. Der Reichsgott Amun sel-

◀ Der Totengott Anubis vollzieht das Ritual der Mundöffnung, damit die Seele des Toten den Körper verlassen kann. Wandgemälde aus dem Grab des Nekropolenbeamten Inherchau, das als eines der letzten vor dem Verfall des Ramessiden-Reiches mit kunstvollen Malereien ausgestattet wurde.

ber galt von nun an als Lenker der Geschicke seines Volkes. Im Gottesstaat Theben wurde ohne Befragung des Orakels kein neuer Beamter eingesetzt, kein Rechtsstreit entschieden, kein Bote entsandt. Neigte sich bei einer Prozession die heilige Amunbarke nach vorn, nickte das Kultbild mit dem Kopf, so hatte der Gott, wie man glaubte, seine Zustimmung zu dem Vorschlag des Priesterkönigs erteilt.

Der neue Pharao übernahm ein empfindlich geschwächtes Reich. Ramses III. hatte zwar das Eindringen der Seevölker ins Nilland verhindern können, die ägyptische Vorrangstellung in Palästina aber war endgültig gebrochen. Diese bittere Erfahrung mußte Wenamun, ein Gesandter Thebens, machen, der mit Unterstützung von Smendes und Tentamun nach Byblos gereist war. 29 Tage ließ man ihn warten, bis der Stadtfürst Sakarbaal ihn gnädig empfing. Das aufschlußreiche Gespräch zwischen den beiden blieb durch einen glücklichen Zufall erhalten. Viele Ägyptologen meinen allerdings, der Papyrus enthalte keinen Tatsachenbericht, sondern das Fragment eines historischen Romans. Aber auch dann bleibt er ein Dokument von unschätzbarer Bedeutung, wegen seiner ebenso offenen wie überzeugenden Schilderung des grundlegenden Wandels in den Beziehungen zwischen Ägypten und seinen ehemaligen Vasallen.

Sakarbaal fragte den ägyptischen Gesandten: »Mit welchem Auftrag bist du gekommen?« Die Antwort lautete: »Ich bin gekommen auf der Suche nach Bauholz für die große, prächtige Barke

Die heilige Barke des Amun.

des Amun-Re-Götterkönigs. Was dein Vater tat und was der Vater deines Vaters tat, wirst auch du tun.«
Dieser Versuch, an kolonialpolitische Traditionen anzuknüpfen, scheiterte jedoch. »Sie taten es allerdings«, erwiderte der Stadtfürst von Byblos. »Du wirst mich bezahlen dafür, daß ich es tue.« Dann wies er dem leicht verstörten Ägypter anhand seiner Bücher nach, daß schon seine Vorfahren ihre Dienste »für Amun« keineswegs völlig gratis gewährt hatten.
»Wenn der Herrscher Ägyptens Besitzer meines Eigentums gewesen wäre und ich sein Sklave«, fuhr er selbstbewußt fort, »dann hätte er nicht Silber und Gold bringen lassen, als er sagte: ›Vollziehe den Auftrag des Amun ...‹ Und was mich betrifft, so bin ich nicht der Diener dessen, der dich schickte.«[34]
Die Ägypter hatten ihre Gegenleistung für das wertvolle Zedernholz bisher allerdings nicht als Bezahlung aufgefaßt, sondern als freiwillige Anerkennung, als Geschenk Amuns. Jetzt wurden sie eines Besseren belehrt. Erst als Wenamun aus Tanis die geforderten Zahlungsmittel erhielt – 4 goldene und 5 silberne Gefäße, feines Leinen, 500 Papyrusseile, 500 Papyrusrollen und 500 Rinderhäute –, wurde man handelseinig.
In Mittelägypten, wo die Priesterkönige auf ihre Weise für Ordnung sorgten, herrschten höchst unerfreuliche Zustände. Das geht aus Briefen hervor, in denen der thebanische Priesterkönig Pianch, Sohn und Nachfolger Herihors, anordnet, zwei Polizisten, die Geheimnisse ausgeplaudert hatten, zu liquidieren und nachts heimlich in den Fluß zu werfen. Wieder einmal war an die Stelle des Rechts nackte Gewalt getreten.
Nachfolger des Pharaos Smendes wurde Psusennes I., der im Jahre 1049 die Herrschaft antrat. Sein Name bedeutet »der Stern, der in Theben aufging«. Über seine Herkunft ist nichts Genaues bekannt, er scheint aber zur Familie der Taniten gehört zu haben; viele vermuten in ihm sogar einen Sohn des Smendes. Dieser Psusennes verheiratete seine Tochter Makare mit dem thebanischen Priesterkönig Pinodjem I., einem Enkel Herihors. Vielleicht gelang es ihm mit diesem klugen Schachzug, eine offene Auseinandersetzung mit dem Thebaner zu vermeiden, der ganz unverblümt Anspruch auf die Pharaonenwürde erhob. Im Vorhof des Amuntempels von Karnak blieb eine 15 Meter hohe Kolossalstatue Pinodjems I. erhalten, die ihn mit dem traditionellen Königskopftuch, den Herrschaftsinsignien Geißel und Krummstab sowie dem rituellen Königsschurz zeigt. Zu seinen Füßen ist seine Gemahlin in einem durchsichtigen Gewand dargestellt.

Abb S. 215

Der Rosengranitdeckel des Psusennes-Sarges zeigt den Pharao als Osiris.

Ähnlich wie Tut-ench-Amun wurde auch Psusennes I. vor allem durch die kostbaren Schätze bekannt, die man in seinem Grab fand. Der Pharao starb im Jahre 1004 und wurde in einer schlichten Gruft der neuen Nekropole von Tanis beigesetzt. Sie wurde erst vor etwa 40 Jahren entdeckt. Zum Glück hatten auch die findigen Grabräuber der Antike die letzte Ruhestätte des tanitischen Königs nicht aufgestöbert. In den vier Grabkammern fand man die Mumien von Psusennes und Amenemope, einem seiner Nachfolger, von drei hohen Beamten sowie – und das war die Sensation der Ausgrabung – von dem bisher völlig unbekannten Pharao Scheschonk II. aus der 22. Dynastie.

Abb. S. 210

Die reichen Grabbeigaben bilden ein nahezu ebenbürtiges Pendant zum Goldschatz Tut-ench-Amuns. Das Prunkstück ist zweifellos der herrliche Silbersarkophag des Psusennes, der den Verstorbenen als Osiris wiedergibt, mit dem nach oben gebogenen Götterbart und der Uräusschlange über der Stirn. Die Ausdrucksmittel der Kunst sind strenger, sachlicher geworden. Das fällt vor allem bei der unterkühlten Schönheit der goldenen Mumienmaske eines königlichen Würdenträgers auf, dessen Züge von einem Lächeln belebt werden, das auf seltsame Weise an das berühmte archaische Lächeln griechischer Statuen des 7. Jahrhunderts v. Chr. erinnert. Auch bei den zahlreichen wertvollen Schmuckstücken wurde auf alles Schnörkelwerk zugunsten der einfachen, klaren Form verzichtet.

Abb. S. 212

Abb. S. 213

Nach zwei unbedeutenden Pharaonen, Neferkare und Amenemope, gelangte 976 Siamun auf den Thron, der als erster Herrscher der 21. Dynastie einen militärischen Vorstoß nach Norden wagte. Er zog bis zur Philisterstadt Gezer nordöstlich von Jerusalem. Ein weiter Weg – und es gelang ihm auch, die Stadt zu erobern. Aber dann geschah etwas Merkwürdiges. Siamun unternahm gar nicht erst den Versuch, Gezer zum neuen Stützpunkt Ägyptens in Palästina zu machen. Er schenkte vielmehr die Stadt seiner Tochter als Mitgift und vermählte sie mit Salomo, König von Israel und Juda. Bei den Ausgrabungen im antiken Gezer wurde ein Aquädukt gefunden, der unter dem Namen »Aquädukt der heidnischen Tochter« die Erinnerung an die ägyptische Prinzessin bewahrt hat.

Der Fruchtbarkeitsgott Min.

Die verschiedensten Hypothesen wurden zur Erklärung dieser großzügigen Geste des Pharaos herangezogen. Am wahrscheinlichsten ist wohl, daß Siamun hoffte, durch Unterstützung Jerusalems das Kräfteverhältnis im palästinischen Raum zugunsten Ägyptens zu verlagern. Denn er wußte, daß er weder die Philister, die Herren der Küstenstädte, zu seinen Freunden rechnen durfte, noch die aufstrebenden Phönizier, die Beherrscher des Seehandels.

Die Frauen der beiden nebeneinander regierenden Königshäuser spielten eine größere Rolle denn je, vor allem in dem thebanischen Gottesstaat. Häufig bekleideten sie hohe Priesterämter, die ihnen ein beträchtliches eigenes Einkommen sicherten. Auf zahlreichen Stifterinschriften wurden die Namen von Königinnen und Prinzessinnen gefunden. Eine stattliche Anzahl an Titeln führte z.B. Neschon, eine Gemahlin des letzten erblichen Priesterkönigs von Theben, Pinodjem II.: »Erste Vorsteherin der Konkubinen des Amun-Re-Götterkönigs; Verwalterin des Hauses der Mut, der Großen Herrin von Aschru; Prophetin des Anhur-Schu, des Sohnes des Re; Prophetin des Min, des Horus und der Isis in Ipu; Gottesmutter des Chons, des Kindes; Erste des Amun-Re-Götterkönigs und Höchste der vornehmen Damen.«[35]

Abb. S. 215 u. 216

Gegen Ende der 21. Dynastie kam der Brauch auf, eine königliche Prinzessin zur »Gottesgemahlin des Amun« zu ernennen. Sie schwor ewige Jungfräulichkeit und weihte ihr Leben einzig und allein dem Gottesdienst. Als »Tochter« adoptierte sie eine junge Prinzessin ihres Hauses, die zu ihrer Nachfolgerin bestimmt wurde. Die Gottesgemahlin besaß das Recht, eine volle Königstitulatur zu führen; zu ihren Privilegien gehörte ferner die freie Verfügung über eigene Ländereien. Ihr politischer Einfluß war jedoch in der Regel gering.

Abb. S. 219 u. 220

Pinodjem II. rettete die Mumien aus den ausgeplünderten Gräbern im Tal der Könige und ließ sie in einem Versteck südlich des Terrassentempels der Hatschepsut bestatten. 1881, vor bald hundert Jahren also, fand man dort nach einer geradezu kriminalistisch organisierten Suchaktion die Särge und Mumien der berühmtesten Pharaonen Ägyptens in einer winzigen, nur 7 Meter langen Kammer, zu der über einen 12 Meter tiefen Schacht ein 70 Meter langer Gang führte. Zu dieser Zeit regierte in Tanis als letzter Pharao der 21. Dynastie Psusennes II. Seine Herrschaft dauerte nur 6 Jahre. Mit seinem Tode im Jahre 945 erlosch das tanitische Königshaus.

Die neuen Pharaonen führten so barbarisch klingende Namen wie Scheschonk (oder auch Schoschenk), Osorkon und Pemu (»die Katze«). Sie waren keine Ägypter, sondern Nachkommen von libyschen Söldnern, die sich zur Zeit der Ramessiden im Deltagebiet angesiedelt hatten. Ihr Stammvater war ein gewisser Bujuwawa, ein Oberhäuptling der Maschwesch, die einen charakteristischen Kopfschmuck aus Federn trugen, den seine Nachkommen auch als ägyptische Pharaonen beibehielten. Im übrigen aber hatten sie sich seit Generationen in Sprache, Sitte und Kultur so weitgehend angepaßt, daß man in Ägypten die Könige der 22. Dynastie kaum noch als Fremde empfand.

Der erste libysche Pharao war Scheschonk I. Er residierte in Bubastis im östlichen Nildelta, der uralten heiligen Stadt der den Menschen freundlich gesonnenen Katzenkönigin Bastet. In ihrem Tempel stellten Gläubige unzählige Bronzekatzen als Weihegeschenke auf, um die Gunst der Göttin zu gewinnen.

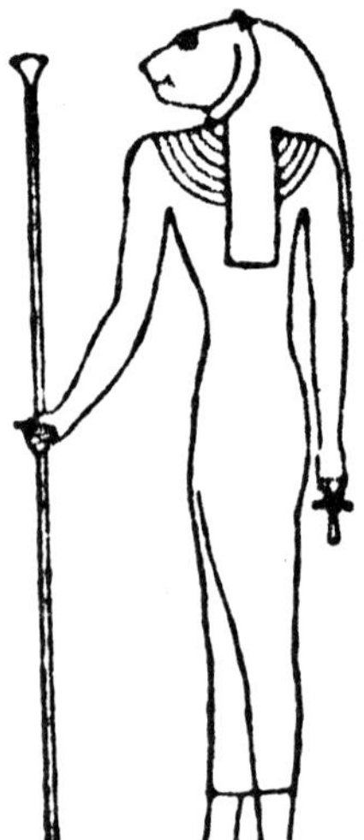

Die Katzengöttin Bastet.

Entgegen dem weitverbreiteten Irrtum, unsere heutige Hauskatze stamme ursprünglich aus Ägypten, ist die zahme Katze erst zu Beginn des 2. Jahrtausends nach Ägypten eingeführt worden, und zwar aus ihrer Heimat in Vorderasien. Im anatolischen Hacilar wurden schon im 6. Jahrtausend Statuetten von Frauen angefertigt, die mit Katzen spielen. Die Vergötterung der Katze blieb jedoch den Ägyptern vorbehalten.

Wer eine Katze tötete, und sei es auch nur aus Versehen, der lief Gefahr, von empörten Augenzeugen gelyncht zu werden. Deshalb blieb jeder Ägypter, der am Wegrand eine tote Katze erblickte, stocksteif stehen und beteuerte laut seine Unschuld. Bei einer Feuersbrunst dachten die Betroffenen nicht zuerst ans Löschen, sondern versuchten verzweifelt, ihre Katzen zu retten, wie Herodot berichtet. In der Spätzeit, als es politisch und wirtschaftlich immer mehr bergab ging, scheinen gerade die alten Tierkulte zum geistig-religiösen Bindeglied der von allen Seiten bedrohten Gesellschaft geworden zu sein. Die libyschen Herren haben die Frömmigkeit des Volkes offenbar geteilt.

Für den aufkeimenden Konflikt mit dem thebanischen Gottesstaat hatte bereits Scheschonk I. eine ebenso einfache wie verblüffende Lösung gefunden: Er machte seinen Sohn Iupit zum Priesterkönig von Theben. Seine Nachfolger folgten diesem Beispiel. So gelang es den Pharaonen in Bubastis, die Theokratie unter ihre Kontrolle zu bringen.

Namenskartusche Scheschonks I.

Die palästinafreundliche Politik der 21. Dynastie setzte Scheschonk nicht fort. Im Gegenteil, im Jahre 930 fiel er in Jerusalem ein, zerstörte den Tempel ebenso wie den königlichen Palast und schleppte reiches Beutegut heim. Welche Ereignisse diesen Überfall, der auch in der Bibel erwähnt wird, provozierten, ist nicht bekannt. Vielleicht nutzte Scheschonk einfach die Schwäche des jüdischen Reiches aus, das nach dem Tode Salomos im Jahre 931 geteilt worden war. Eine Liste der eroberten palästinischen Orte ließ der Pharao am Bubastidentor in Karnak einmeißeln. Der Feldzug trug ihm vorübergehend im Vorderen Orient einen gewissen Prestigegewinn ein, der vor allem in den Beziehungen zur Handelsmetropole Byblos spürbar wurde.
Nach Scheschonk bestieg im Jahre 924 sein Sohn Osorkon I. den Pharaonenthron. Er war mit Makare verheiratet, einer Tochter Psusennes' II., und besaß durch diese Ehe auch eine hinlängliche Legitimation, über Ägypten zu herrschen. Aus seiner Regie-

Ein Relief an der Südmauer des großen Tempels in Karnak feiert den Sieg Scheschonks I. über die Städte der Juden.

rungszeit, die mindestens 36 Jahre lang dauerte, ist ebensowenig bekannt wie aus der seines Nachfolgers Takelothis I. Aus dieser dunklen Epoche der ägyptischen Geschichte sind nur wenige Baudenkmäler erhalten, und es liegen kaum archäologische Funde vor. Es fehlte den Pharaonen dieser Zeit einfach an den finanziellen Mitteln zur Durchführung größerer Bauvorhaben. Eine Ausnahme, die ein wenig Licht in diese geschichtslose Periode bringt, bildet das sogenannte Serapeum, die unterirdische Gruft der heiligen Apisstiere in Sakkara. Dort fand man die Stele eines gewissen Harpeson, der zur Zeit Scheschonks IV. lebte und sich als Oberpriester der Göttin Neith bezeichnete, der kriegerischen Stadtgöttin von Sais im westlichen Nildelta.
Harpeson war mit dem libyschen Herrscherhaus verwandt und führte die gemeinsame Ahnenreihe sechzehn Generationen weit zurück – bis hin zu jenem Maschwesch-Häuptling Bujuwawa, von dem bereits die Rede war. Als Vater des ersten Scheschonk nennt er einen Mann namens Nimrod, eine interessante Namensparallele zu dem Nimrod der Bibel, einem Urenkel Noahs, der »als gewaltiger Jäger vor Jahwe« berühmt wurde.
Das Serapeum, vor dessen Betreten bei starkem Wind der antike Reisebeschreiber Strabon neugierige Touristen ausdrücklich gewarnt hatte, lag seit mehr als tausend Jahren unter hohen Sanddünen, als es 1851 von dem Franzosen Auguste Mariette wiederentdeckt und ausgegraben wurde. In dem gewaltigen unterirdischen Bauwerk waren 64 mumifizierte Stiere in roten und schwarzen Granitsarkophagen von ungeheuren Ausmaßen beigesetzt worden. Die ältesten Bestattungen hatten zur Zeit Amenophis' III. stattgefunden, die jüngsten in den letzten Jahren vor der Zeitwende.

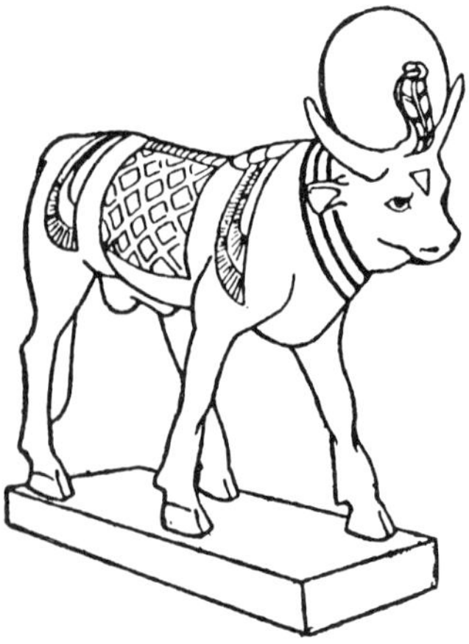
Der heilige Apisstier.

Über den Kult des Apisstiers sind wir gut unterrichtet. Der schwarze Stier mit den genau festgelegten weißen »Abzeichen« besaß in Memphis einen eigenen Palast, umgeben von einem schönen Park. Dort führte er mit seiner Mutter und einem Harem ausgesucht hübscher Kühe ein herrliches Leben – 25 Jahre lang. War er bis dahin nicht an Altersschwäche gestorben, so ertränkten die Priester ihn heimlich. Dann fand ein prunkvolles Begräbnis statt. 1971 entdeckte Walter B. Emery in Sakkara eine Gruft, in der die Mütter der Apisstiere beigesetzt wurden.
Der Name Serapeum stammt aus der Zeit der Ptolemäer, der Nachfolger Alexanders des Großen als Herrscher über das Nilreich, die versuchten, einen neuen Gott zu kreieren, der ihre ägyptischen und griechischen Untertanen gleichermaßen anspre-

Stele aus dem Serapeum, die den Apisstier feiert.

chen sollte. Sie nannten ihn Serapis – eine neue Wortschöpfung aus Osiris und Apis. Er wurde bald in der gesamten hellenistischen Welt verehrt, besonders in Rom, den Ägyptern blieb er jedoch fremd. Sie hielten ihren alten Göttern die Treue.
Einen gewissen Höhepunkt innerhalb der 22. Dynastie bildete die Herrschaft Osorkons II. Im 22. Regierungsjahr ließ er anläßlich der Sedfeiern zu seinem Jubiläum bei Bubastis, seiner Hauptstadt, ein großes Granittor errichten, mit Reliefs, die die Festlichkeiten schildern. In unmittelbarer Nähe der Residenz baute er einen Hathortempel mit schönen Säulen, deren Kapitelle den Kopf der Göttin wiedergeben.

Abb. S. 217

Im übrigen wurde die Lage im Reich immer verworrener. Zu neuerlichen Kompetenzstreitigkeiten mit Theben kam eine ernsthafte Bedrohung im Süden. Dort waren zwei unabhängige Staaten entstanden, Nubien und Kusch, das biblische Äthiopien. Zu allem

Hathorkapitell von einem Tempel Osorkons II. bei Bubastis.

Überfluß wurde das libysche Herrscherhaus auch noch von inneren Zwistigkeiten heimgesucht. Unter Scheschonk III. kam es zu einer dynastischen Spaltung. Ein gewisser Petubastis begründete gegen 808 die 23. Dynastie, deren Pharaonen nun über 90 Jahre von Tanis aus als Gegenkönige der Bubastiden regierten, bis beide Dynastien um 715 ihr Ende fanden. Kurz zuvor war noch eine 24. Dynastie auf den Plan getreten, die ihren Sitz gleichfalls im Nildelta hatte. Tefnacht und Bocchoris, die beiden Pharaonen von Sais, regierten zusammen nur 13 Jahre lang.

Aus Napata am 4. Nilkatarakt, der ehemals südlichsten Grenzstadt Ägyptens zum Lande Kusch hin, kamen die Herrscher der 25. Dynastie. Die Kuschiten oder Äthiopier hatten ebenso wie ihre libyschen Vorgänger seit langem die ägyptische Sprache, Kultur und Religion angenommen. Sie waren glühende Anhänger des Gottes Amun. Um 720 dehnte der Kuschitenkönig Kaschta

seinen Machtbereich bis Elephantine am 3. Nilkatarakt aus. Von dort aus eroberte er die Thebais und ließ seine Tochter Amenirdis von der amtierenden Gottesgemahlin, einer Tochter Osorkons III., adoptieren.
Fünf Jahre später rückte sein Sohn Pianchi bis Herakleopolis vor. Er besiegte den saitischen König Tefnacht und besetzte anschließend erneut Theben. Im Amuntempel besprengten die Soldaten Pianchis sich mit Weihwasser, küßten die Erde vor dem Kultbild und baten den Gott: »Gib uns den Weg, daß wir kämpfen im Schatten deines Armes und daß vor der jungen Mannschaft, die du befohlen hast, wenn ihr siegreicher Angriff erfolgt, die Massen in Entsetzen geraten.«[36]
Noch war die Festung Hermopolis, die heilige Stadt des Gottes Thot, zwar unbesiegt. Doch den täglichen Angriffen der kuschitischen Bogenschützen und Steinschleuderer konnte sie nicht lange standhalten. Die Stadt begann »zu stinken«, und die Eingeschlossenen flehten um Gnade. Die Gemahlin des Fürsten kam als Unterhändlerin zum Stadttor und bat die Damen Pianchis um Fürsprache. Schließlich wurde Hermopolis dem Sieger ausgeliefert. Pianchi konfiszierte die Schatzkammer – als Opfergabe für Amun. Die Haremsdamen interessierten ihn wenig, aber als er in den Marstall geführt wurde, geriet er in Wut: »Schlimmer ist für mein Herz, daß man meine Pferde hat hungern lassen, als jedes andere Verbrechen, das du getan hast! Laß doch dein Herz nicht knauserig sein! Ich habe dich erkannt. Deine Begleiter fürchten sich vor dir. Weißt du nicht, daß der Schatten Gottes über mir ist und mein Fall ihm nicht entgeht? ... Ich handle nicht ohne sein Wissen. Er ist es, der mir zu handeln befiehlt.«[37]
Diese farbigen Einzelheiten hat Pianchi auf einer riesigen Stele in Napata in gutem Mittelägyptisch festgehalten. Dort ist auch ein König Jewepet dargestellt, der den Boden vor dem Eroberer und Abb. S. 218 Amun küßt. Wahrscheinlich handelt es sich um den letzten Pharao der 23. Dynastie, von dem wir ein reizendes Reliefbildchen besitzen, das ihn als Kindkönig zeigt.
Der Krieg aber ging weiter. Der von Sais aus regierende Tefnacht setzte seine ganze Hoffnung auf die Verteidigung von Memphis. Trotz der starken Befestigung und einer Verstärkung der Truppen Tefnachts durch 8000 Elitesoldaten nahm Pianchi die traditionsreiche Residenzstadt im Sturm. Dann rückte er weiter nach Norden vor, opferte in Heliopolis dem Sonnengott und gelangte schließlich nach Athribis im oberen Nildelta. Jetzt gaben auch die letzten Gegner jeden Gedanken an Widerstand auf. Tefnacht un-

terwarf sich. Die Deltafürsten kamen nach Athribis, um dem neuen Pharao zu huldigen. Pianchi erteilte ihnen eine Lektion. Er empfing nur einen von ihnen – denn die anderen hatten Fisch gegessen, ein unreines Tier, dessen Genuß ägyptischen Königen und Priestern seit alters her untersagt war. Es galt als schlimmer Fauxpas, nach einer Fischmahlzeit vor die geheiligte Person des Pharaos zu treten.

Pianchi hatte sein Ziel erreicht. Er war unbestrittener Herr von Ober- und Unterägypten. Überraschenderweise verzichtete er darauf, weiter ins Nildelta vorzudringen, und zog sich nach Napata zurück. Mit einem Konvoi von Schiffen, die hochbeladen waren mit kostbaren Geschenken, segelte er nach Süden. Die Herrschaft aber übertrug er schon im Jahre 712 seinem jüngeren Bruder Schabako. Nach seinem Tode wurde Pianchi in Kurru, der alten Begräbnisstätte seiner Ahnen, unter einer Pyramide beigesetzt.

Schabako unterwarf das Nildelta und besiegte Bocchoris, den Sohn Tefnachts, der versucht hatte, den geschrumpften Machtbereich der Saïten wieder bis Memphis auszudehnen. Angeblich soll Schabako den letzten König der 24. Dynastie gefangengesetzt und bei lebendigem Leibe verbrannt haben.

Die Gottesgemahlin Amenirdis und der kuschitische Pharao Schabako. Die gleich große Wiedergabe der beiden täuscht, entspricht aber der Bedeutung der Persönlichkeiten: Die Alabasterstatue der Hohenpriesterin ist 167 cm hoch, das Bronzefigürchen des Königs mißt 16 cm.

Während der vierzehnjährigen Regierungszeit Schabakos herrschte seine Tante Amenirdis als Gottesgemahlin in Karnak. Sie adoptierte eine Tochter Pianchis mit Namen Schepenupet, die Abb. S. 219 ihre Nachfolgerin wurde. Ein Sohn des Pharaos amtierte als Hoherpriester in Theben. Damit hatte die kuschitische Dynastie das Abb. S. 222 u. 226 Reich fest in ihrer Hand. Im Inneren herrschten Friede und Eintracht, aber an der Nordgrenze des Landes hatte sich wieder einmal eine drohende Gefahr zusammengeballt.

Im Jahre 732 hatte der Assyrerkönig Tiglatpilesar III. nach der Eroberung Syriens auch Palästina besiegt. Ein Jahrzehnt später wurde Israel erneut unterjocht. Die machtlosen Ägypter hatten das Vordringen der Assyrer nicht verhindern können. Unter Abb. S. 218 Schabako und seinem Nachfolger Schebitku, der bis 690 regierte, herrschte an der Nordgrenze des Reiches trügerische Ruhe. Schabako scheint Memphis zu seiner Residenz erwählt zu haben, in Karnak und Theben ließ er Kapellen errichten. Bestattet wurde er ebenso wie Schebitku unter einer Pyramide in Kurru nahe bei Napata. Dort legten die beiden – ebenso engagierte Pferdefreunde wie Pianchi – auch einen Pferdefriedhof an.

Namenskartusche Taharkas.

Nach dem Tode Schebitkus wurde sein jüngerer Bruder Taharka Pharao von Ägypten, ein tatkräftiger Herrscher, der als Friedensfürst und großer Bauherr die goldenen Zeiten des ägyptischen Weltreiches heraufbeschwor. Besondere Verehrung bezeugte er dem Horusfalken, dem Schutzsymbol des Königtums. Im Tempelhof von Karnak errichtete er ihm eine Kapelle, von der nur eine Abb. S. 223 ihrer ehemals zehn Säulen erhalten blieb. Sie trägt ein schönes Glockenkapitell.

In Kawa, zwischen dem 3. und 4. Nilkatarakt, ließ er den verfal- Abb. S. 224 lenen Amuntempel renovieren. Dort fand man fünf große Inschriftstelen, die von wichtigen Ereignissen während Taharkas Herrschaft berichten. Als »Wunderjahr« wird das Jahr 684 gefeiert. Damals erreichte die Nilflut eine Höhe von 21 Ellen, denn in Kusch hatte es ungewöhnlich starke Regenfälle gegeben. Die Folge waren Rekordernten in beiden Ländern. Das Ansehen des Pharaos stieg gewaltig. Der Glaube an den König als Regenmacher war zumindest latent im Volk lebendig geblieben.

Ein tragisches Schicksal bestimmte Taharka dazu, in die große Auseinandersetzung mit den Assyrern verstrickt zu werden. Die Sache fing relativ harmlos an. Nach dem Tode Sargons II. fiel sein Nachfolger Sanherib erneut in Palästina ein. König Hiskia von Juda bat den Pharao um Hilfe; der schickte ägyptische und äthiopische Truppen, die von den Assyrern vernichtend geschlagen wurden. Der nun erfolgende Vorstoß der Sieger auf ägyptisches Gebiet blieb seltsamerweise in den Anfängen stecken. Im Zweiten Buch der Könige heißt es dazu, der Engel Jahwes habe in der Nacht 185000 Assyrer in ihrem Lager erschlagen.

Eine amüsantere Version des sogenannten Mäusekrieges finden wir bei Herodot: »Als die Ägypter dort angekommen waren, überfielen Feldmäuse das Lager der Gegner und zernagten ihre Köcher und Bogen, auch die Griffe ihrer Schilde, so daß sie am nächsten Morgen ohne Schilde die Flucht ergreifen mußten und viele von ihnen fielen.«[38] Aber die einem ägyptischen Märchen entliehene Episode hat einen durchaus ernst zu nehmenden Hintergrund: Die Maus war nämlich bei den Semiten ein Symbol der Pest. Sanherib zog sich nach Ninive zurück, wo er im Jahre 681 ermordet wurde.

Die Truppen des Assyrerkönigs Sanherib erstürmen eine Stadt und treiben die Einwohner in die Gefangenschaft.

Sein Nachfolger aber, Asarhaddon, nahm den Kampf gegen Ägypten erneut auf und eroberte schließlich sogar die königliche Residenz in Memphis. Im Jahre 671 brannte er die Stadt nieder und schleppte alle Äthiopier, deren er habhaft werden konnte, in Gefangenschaft. Überall setzte er neue Provinzkönige, Offiziere und Beamte ein. Nur diejenigen Deltafürsten, die sich ihm freiwillig unterworfen hatten, durften ihre Stellung behalten.

Der besiegte Hiskia sendet dem König von Assyrien 300 Zentner Silber und 30 Zentner Gold. (Relief aus Ninive.)

Nach dem Tode Asarhaddons im Jahre 669 konnte Taharka Memphis zurückgewinnen und die Deltafürsten auf seine Seite ziehen. Aber schon zwei Jahre später fiel Memphis erneut in die Hand der Assyrer. Unter ihrem neuen Herrscher Assurbanipal gelang es ihnen sogar, das bis dahin unbezwungene heilige Theben in ihre Gewalt zu bringen. Taharka zog sich geschlagen nach Napata zurück und starb dort im Jahre 664. Neuer Pharao wurde sein Neffe Tanwetamani, ein Sohn Schebitkus. Er konnte Theben und Memphis noch einmal zurückgewinnen, aber die Deltafürsten unter Führung des Necho von Sais verweigerten ihm ihre Anerkennung. Necho genoß das Vertrauen des Assyrerkönigs und lavierte geschickt zwischen den Fronten, um seine eigene Hausmacht zu stärken.

Ein Traum von zwei geheimnisvollen Schlangen, der Tanwetamani den Sieg über Assyrien verkündet hatte, ging nicht in Erfüllung. Bei einem zweiten Angriff auf Ägypten zwang Assurbanipal

Abb. S. 243

den jungen Pharao, erst Memphis und dann auch Theben aufzugeben. Die Stadt wurde verwüstet, die herrlichen Tempel geplündert. Tanwetamani resignierte und zog sich, dem Beispiel seiner Vorgänger folgend, nach Napata zurück. Damit war das Ende der 25. Dynastie besiegelt.

Die Kuschiten kehrten nie wieder nach Ägypten zurück. Sie beschränkten sich auf den Ausbau eines eigenen Reiches im Süden des großen Nachbarn mit der Hauptstadt Meroe. Aber auch Assyrien hatte den Höhepunkt seiner Macht bereits überschritten. Die Auseinandersetzungen mit neuen Gegnern, den Elamitern und Babyloniern, machten es Assurbanipal unmöglich, seine Interessen in Ägypten energisch zu vertreten. Als magerer Trost blieb ihm nur die Hoffnung auf die Ergebenheit der von ihm eingesetzten Deltafürsten.

▶ Der thronende Osiris mit seiner Gemahlin Isis. Vor Osiris an einem Thyrsosstab ein Pantherfell, die späteren Attribute des griechischen Gottes Dionysos. Szene aus dem Totenpapyrus der Amunsängerin Ta-di-Mut aus Theben, Anfang der 21. Dynastie.

◀ Die goldene Totenmaske des Pharaos Psusennes I. aus seinem 1940 in Tanis entdeckten Grab, das kaum minder kostbare Schätze barg als die letzte Ruhestätte Tut-ench-Amuns.
▶ »Große Haremsdame des Amun« war diese Thebanerin namens Cheritwebechet, deren erotische Reize, in ihrem Totenbuch verewigt, zur Zeit des Psusennes gewiß nicht nur die Götter entzückten.
▼ Nach Entnahme der Eingeweide wurde der Leib der Mumie mit einer Platte aus Wachs oder Gold verschlossen. Eine Goldplatte mit besonders feiner Reliefarbeit deckte einst die Enschnittstelle bei einer Königin der 21. Dynastie. Links und rechts vom Horusauge vier Totengötter als Wächter.

◀ Die Goldmaske des Wen-djebau-en-djed, eines hohen Würdenträgers unter Psusennes I., zeigt ein seltsam archaisch anmutendes Lächeln. Sie wurde in einer Nebenkammer des Königsgrabes gefunden.

▼ Königlicher Schmuck aus dem gleichen Grab: Links ein Fußring mit einem geflügelten Skarabäus; rechts ein massives Goldarmband mit dem Namen des Pharaos und seiner Hauptgemahlin.

▶ Zwei goldene Pektorale des Pharaos Amenemope. Oben: Isis und Nephthys stützen den Skarabäus, der die Sonnenscheibe hält. Unten: Der tote König (links) vor Osiris.

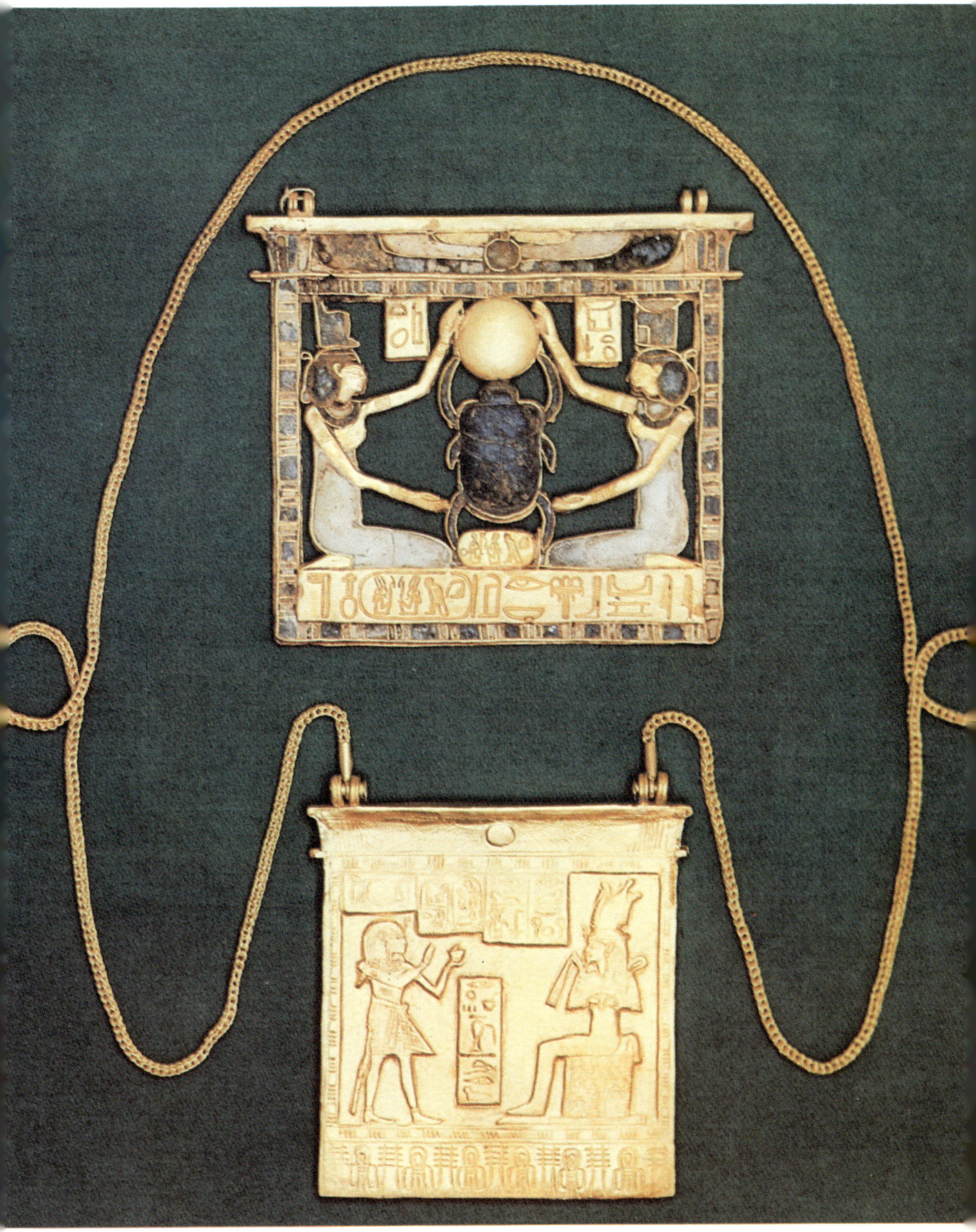

▼ Aquarellkopie einer bemalten Holzstele aus Theben. Neben dem reich gedeckten Opfertisch steht die Priesterin Djedamunefanch in Anbetung vor Re-Harachte.

▶ Kolossalstatue des Priesterkönigs Pinodjem I. im Vorhof des großen Amuntempels in Karnak (15 m). Daneben: Der Holzsarg seiner Gemahlin Henuttaui, der sich in einem Versteck in Der el-Bahari befand, das außer Mumien zahlreiche unversehrte kostbare Grabbeigaben enthielt.

▲ Wie oft in Zeiten der »Dekadenz« trieb in der Endphase des Neuen Reiches das Kunsthandwerk extravagante Blüten: Auf dem Elfenbeindeckel eines Spiegelkästchens der Königin Henuttaui ist eine junge nackte Prinzessin mit der typischen Kindlocke dargestellt.

▶ Was man für eine Statuengruppe halten könnte, ist in Wirklichkeit ein 9 cm hoher Goldanhänger Osorkons II. In der Mitte der Pharao als Osiris, rechts Isis und links ihr Sohn Horus.

◀ Außen: Fayencerelief des Kindkönigs Jewepet, des letzten Pharaos der 23. Dynastie, mit der dreifachen Atefkrone, auf einer Lotosblüte sitzend (30 cm). Daneben: Der wuchtige kuschitische Königskopf aus rotem Granit stellt vielleicht den Pharao Schebitku dar (36 cm) Unten: Kuschitische Krieger im Kampf gegen Nomaden aus dem Sudan. Relief vom Sonnentempel in Meroe.

▶ Die Gottesgemahlin Schepenupet II., hier als Sphinx aus schwarzem Granit, hatte als Herrin über den Besitz des Amun mehr Einfluß als ihr Bruder, der Pharao Taharka.

Die 25. Dynastie stand ganz im Zeichen Amuns: ◀ Außen: Die Gottesgemahlin Karomama ließ sich für ihre Kapelle bei Karnak in Bronze, mit eingelegtem Gold und Silber, modellieren (51,5 cm). Neben ihr der eigentliche Beherrscher Ägyptens selbst: Amun mit Federkrone, Königsschurz und Zepter. Diese einzige Bronzestatuette des Gottes wurde bei Luxor gefunden (33,8 cm).
▶ Hunamun, Weihrauchstreuer im Dienste des Amun zu Karnak, und ▼ Penju, Wächter des Min-Tempels in Achmim, gaben für die kunstvolle Bemalung ihrer Särge mit Totenkultszenen gewiß ein Vermögen aus.

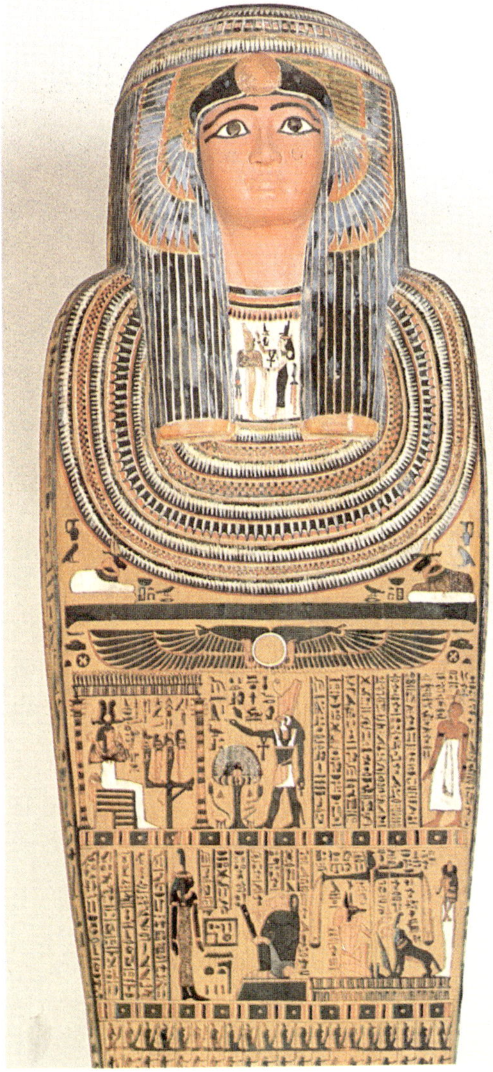

◀ Reliefporträt des thebanischen Stadtfürsten und späteren Priesterkönigs Montemhet aus seinem Grab in Asasif bei Theben.

▼ Der Innenhof des weitläufigen Grabpalastes, der die Grabbauten der weltlichen Könige seiner Zeit (25./26/ Dynastie) in den Schatten stellte.

▶ Ein schönes Glockenkapitell krönt die einzige Säule, die von der Kapelle des Pharaos Taharka in Karnak erhalten blieb.

VIII Die letzten Pharaonen

Zwölf Gaufürsten teilten sich nach dem Abzug der Assyrer und des letzten Äthiopierkönigs die Herrschaft über Ägypten. Ein unhaltbarer Zustand – obwohl sie ein feierliches Bündnis geschlossen hatten, um einen Bruderkrieg zu vermeiden. Doch einer von ihnen sei zum künftigen Pharao bestimmt, so lautete die Verheißung eines alten Orakels.

» Die zwölf Könige blieben ihrem Vertrag treu. Doch als sie nach einiger Zeit in dem Tempel des Hephaistos [Ptah] ein Opferfest feierten und am letzten Festtage das Trankopfer darbringen wollten, brachte ihnen der Oberpriester statt der zwölf Opferschalen aus Gold, mit denen sie zu opfern pflegten, nur deren elf. Und der letzte König, Psammetich, der keine Schale bekommen hatte, nahm seinen Helm ab, hielt ihn hin und wollte damit opfern. Der Helm war aus Erz, wie auch alle anderen Könige eherne Helme trugen. Psammetich tat es ohne einen arglistigen Gedanken, die anderen aber bemerkten es und erinnerten sich an jene Weissagung: Wer aus einer ehernen Schale das Trankopfer spende, würde König über ganz Ägypten werden.«[39]

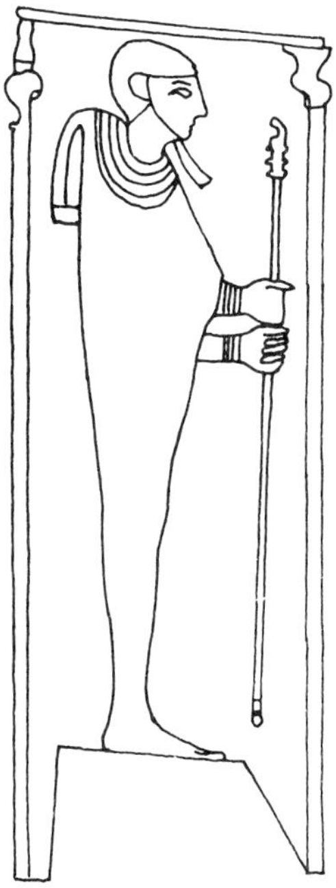

Ptah von Memphis in einer Kapelle.

Die Prophezeiung ging in Erfüllung. Psammetich, dessen Name soviel wie »der Glühweinverkäufer« bedeutet, überspielte mit diplomatischem Fingerspitzengefühl den Assyrerkönig Assurbanipal ebenso geschickt wie seine eifersüchtigen Bundesgenossen. Er war der Sohn jenes Necho von Sais, der die Partei der Assyrer ergriffen hatte, als der Stern der Äthiopier-Dynastie sank. Psammetich begründete im Jahre 664 die 26., die saïtische Dynastie. Er betrachtete sich als direkten Nachfolger Taharkas. Im Kampf um die Vorherrschaft im Nildelta unterstützten ihn griechische Söldnertruppen, die ihm der lydische König Gyges aus Kleinasien geschickt hatte, ein erbitterter Gegner Assurbanipals. 9 Jahre lang dauerten die Kämpfe in Unterägypten, dann konnte Psammetich auch in Oberägypten nach dem Rechten sehen.

Abb. S. 242/243 u. 245

In Theben regierte seit der Zeit des großen Taharka ein gewisser Montemhet als Priesterkönig. Er war mit einer kuschitischen Prinzessin verheiratet, obgleich sein Vater nur Bürgermeister von Theben und er selber ursprünglich 4. Prophet des Amun in Karnak gewesen war. Psammetich war klug genug, diesen einflußrei-

◀ Aus dem Amuntempel im südnubischen Kawa stammt die Statue des Taharka vor einer Widdersphinx, die Gott Amun verkörpert.

Der thebanische Priesterkönig Montemhet (Granit, 135 cm).

chen Mann in Amt und Würden zu belassen, und Montemhet revanchierte sich, indem er die Adoption der Pharaonentochter Nitokris durch die amtierende Gottesgemahlin, eine Schwester Taharkas, bereitwillig unterstützte. Nitokris wurde in Theben mit großem Jubel empfangen und von allen Seiten reich beschenkt. Psammetich errichtete in Elephantine am 1. Nilkatarakt, der neuen Südgrenze des Reiches, eine Festung. Herodot erzählt, die gesamte Besatzung, 24 000 Mann, sei drei Jahre später geschlossen nach Äthiopien ausgewandert, weil man offenbar vergessen hatte, sie abzulösen.

Von den Assyrern hatte der erste Psammetich nichts zu befürchten. Assurbanipal waren die Hände gebunden. Seine elamitischen und babylonischen Gegner hielten ihn bis zu seinem Tode im Jahre 627 in Atem. Das Assyrische Reich geriet immer mehr in Bedrängnis. Die Babylonier hatten sich mit den Medern im Nordwesten Persiens verbündet. Der letzte Assyrerkönig sandte sogar einen verzweifelten Hilferuf nach Ägypten.

Psammetich I. fürchtete ein Übergreifen der babylonischen Streitkräfte auf sein Land und entschloß sich, um diese Gefahr abzuwenden, zu einem Bündnis mit seinem früheren Feind. Doch trotz seiner militärischen Intervention war der Untergang Assyriens nicht mehr aufzuhalten. 612 fiel die Hauptstadt Ninive in die Hand der Babylonier.

Zwei Jahre später starb der erste saïtische Pharao. Sein Nachfolger nannte sich Necho II. Er unterstützte die hoffnungslosen Rückzugsgefechte des letzten Assyrerkönigs bis zur entscheidenden Schlacht im Jahre 609. Ein Jahr später gelang es ihm, nach einem Sieg über König Josia von Juda bei Megiddo sämtliche phönizischen Hafenstädte zu erobern. Necho besaß eine Mittelmeerflotte; sie wurde vorwiegend von den Nachkommen jener griechischen Söldner betrieben, die sein Vater ins Land geholt hatte. Der Handel mit den jungen griechischen Stadtstaaten blühte. Ägyptischer Weizen wurde in Griechenland mit wertvollem Silber bezahlt. Auch aus den tributpflichtigen judäischen und phönizischen Städten strömten Gold und Silber ins Nilland.

Der Traum von einem neuen ägyptischen Imperium, das ganz Palästina und das Mittelmeer beherrschte, zerplatzte jedoch wie eine Seifenblase. Schon im Jahre 605 wurde das Heer der Ägypter bei der syrischen Stadt Karkemisch von den Babyloniern unter Führung Nebukadnezars vernichtend geschlagen. Das war das Ende der politischen Aktivität Ägyptens im Nahen Osten. »Der König von Ägypten aber rückte fortan nicht mehr aus seinem Lande aus«, heißt es dazu in der Bibel (2. Könige 24, 7). »Denn der König von Babel hatte alles erobert, was dem König von Ägypten gehörte, vom Bache Ägyptens an bis zum Euphratstrom.« Immerhin hatte Necho ein Eindringen der Babylonier nach Ägypten verhindern können. Ein erneuter Angriff auf die Nordgrenze des Reiches wurde vier Jahre später erfolgreich abgewehrt.

Der wagemutige Pharao wandte sich nun friedlichen Aufgaben von ungewöhnlichen Dimensionen zu. Wie Herodot berichtet, schickte er – 2000 Jahre vor Vasco da Gama – phönizische Seeleute zur ersten Umsegelung Afrikas aus, von der wir wissen. Das unerhört kühne Unternehmen gelang. Die Phönizier fuhren vom Roten Meer an der afrikanischen Ostküste südwärts und kehrten im dritten Jahr durch die Straße von Gibraltar zurück.

Aber Herodot selbst und seine Zeitgenossen hielten diesen Bericht für reines Seemannsgarn. »Sie erzählten – was ich aber nicht glaube, vielleicht erscheint es anderen eher glaublich –, daß sie während der Umschiffung die Sonne auf einmal zur Rechten gehabt hätten«, merkt der Vater der griechischen Geschichtsschreibung skeptisch an.[40] Gerade dieses Detail ist indessen ein schlagkräftiger Beweis dafür, daß die Phönizier tatsächlich das Kap der Guten Hoffnung umsegelt haben.

▶ Der Pharao Amasis vor der Göttin Hathor. Zeichnung in den Steinbrüchen von Wadi Hammamat.

Außerdem versuchte Necho II., der Seefahrer-Pharao, den Nil durch einen Kanal mit dem Roten Meer zu verbinden, konnte diesen Vorläufer des Suezkanals jedoch nicht mehr vollenden. Die Arbeiten wurden erst rund hundert Jahre später unter der Perserherrschaft erfolgreich abgeschlossen.

Abb. S. 245

Nach dem Tode dieses bedeutenden Pharaos aus Sais wurde im Jahre 595 sein Sohn Psammetich II. König von Ägypten. In den 6 Jahren seiner Regierung fing man an, das Andenken der kuschitischen Pharaonen auszulöschen. Die Namen Taharkas und seiner Vorgänger wurden von den Denkmälern entfernt.

In Einklang mit dieser feindseligen Haltung gegen die Herren aus Kusch steht ein Feldzug Psammetichs II. gegen das südliche Nachbarland, der ihn bis nach Napata führte. Ob es sich bei dieser militärischen Aktion um einen bloßen Raubzug handelte oder um einen Präventivkrieg, ist nicht eindeutig geklärt.

Eine Reise des zweiten Psammetich nach Phönizien, an der auch eine Delegation von Priestern teilnahm, diente dagegen ausschließlich diplomatischen Zwecken. Es ging dem Pharao darum, den verlorenen Einfluß auf den palästinischen Raum wenigstens zum Teil zurückzugewinnen.

Apries, der Sohn und Nachfolger Psammetichs II., setzte die Politik seines Vaters in Vorderasien fort. Als Jerusalem im Jahre 588 von den Babyloniern belagert wurde, schickte der Pharao dem König von Juda Hilfstruppen. Trotz dieser Unterstützung eroberte Nebukadnezar im folgenden Jahr Jerusalem und führte einen großen Teil der Bevölkerung in babylonische Gefangenschaft. Viele Juden aber, unter ihnen der Prophet Jeremias, flohen nach Ägypten. Dort entstand auf der Nilinsel Elephantine eine jüdische Militärkolonie mit einem eigenen Jahwetempel.

Sein letztes militärisches Abenteuer kostete Apries Thron und Leben. Um 570 bat ein libyscher Häuptling den Pharao um Hilfe gegen die mächtige griechische Kolonie Kyrene an der nordafrikanischen Küste. Aber das ägyptische Heer erlitt eine schwere Niederlage. Die Soldaten meuterten und machten kurzerhand ihren General Amasis zum Pharao. Es kam zum Bürgerkrieg. Apries wurde besiegt, gefangengenommen und erdrosselt, berichtet Herodot. Amasis aber usurpierte den Thron und zog in den königlichen Palast in Sais ein.

Abb. S. 247

Der neue Pharao regierte von 570 bis 526. Trotz seiner Herkunft aus der Offizierskaste war er ein Mann des Friedens. Er schloß ein Bündnis mit Kyrene und heiratete sogar eine Frau aus der griechischen Handelsstadt. Als Spender kostbarer Weihgeschenke für

Kyrene und Lindos auf Rhodos sowie eines namhaften Beitrags zum Wiederaufbau des zerstörten Tempels von Delphi erwarb er sich den Beinamen »Freund der Hellenen«.

Mit Polykrates, dem Herrscher der griechischen Insel Samos, verbanden Amasis enge freundschaftliche Beziehungen. Das Glück des Polykrates war sprichwörtlich. Der Pharao sah darin ein böses Vorzeichen und warnte seinen Freund in einem Brief: »Amasis spricht zu Polykrates: Süß ist es zu hören, daß ein guter Freund glücklich ist. Aber deine vielen Erfolge wollen mich nicht froh machen, denn ich weiß, daß die Götter neidisch sind. Ich wünsche mir und denen, die ich liebe, daß uns nur einiges gelingt und anderes mißlingt. Ein wechselndes Los ist besser als ein dauerndes Glück. Immer noch habe ich gehört, daß ein Mensch, dem alles wohlgeriet, zuletzt ein furchtbares Ende genommen hat. Folge mir, und tue folgendes gegen dein Glück: Sinne nach, was dir das Liebste auf Erden ist und um dessen Verlust du am tiefsten trauern würdest. Das wirf fort, so daß es nie wieder in menschliche Hände kommt.«[41]

Die Reaktion des Polykrates ist bekannt. Schiller benutzte das Thema als Vorlage für seine Ballade *Der Ring des Polykrates*. Der Grieche warf seinen goldenen Smaragdring ins Meer. Wenige Tage später schenkte ein Fischer ihm einen großen Fisch, den er soeben gefangen hatte. Im Bauch des Tieres fand der Koch den Siegelring des Fürsten.

Amasis aber, so erfahren wir weiter, löste daraufhin sein Bündnis mit dem Herrn von Samos, »damit er nicht um Polykrates als um einen Freund trauern müsse, wenn schweres Unheil über ihn hereinbrechen würde«[42]. Wenig später wurde Polykrates von den Persern in eine Falle gelockt und hingerichtet.

Den griechischen Kaufleuten, die zu dieser Zeit ins Nilland strömten, gab Amasis die Hafenstadt Naukratis südwestlich von Sais als Wohnsitz. Naukratis war unter Psusennes I. als Niederlassung von Griechen aus Milet gegründet worden. Amasis machte die Stadt zum Freihandelsplatz der Griechen in Ägypten. Dort durften sie ungehindert ihre heimischen Götter in eigenen Tempeln verehren. Erst mehr als 200 Jahre später wurde die Bedeutung von Naukratis durch das aufstrebende Alexandria in den Schatten gestellt.

Dem friedliebenden, heiteren Amasis, der wenig auf höfische Etikette gab und Feste liebte, bei denen der Wein in Strömen floß, blieb es erspart, die schwerste Katastrophe zu erleben, die je über das Ägyptische Reich hereingebrochen war. Erst im Jahre 525, ein Jahr nach seinem Tode, griff der Perserkönig Kambyses Ägypten mit einer überwältigenden Streitmacht an. In der Schlacht von Pelusium wurde Psammetich III., ein Sohn des Amasis, von den Persern geschlagen, und zwar mit Hilfe eines höchst unfairen Tricks, wie die Fama behauptet. Kambyses soll seinen Soldaten nämlich befohlen haben, lebende Katzen auf ihre Schilde zu binden. Aus Furcht, eine heilige Katze zu töten, wagten die Ägypter nicht, sich zu verteidigen, und überließen die Stadt kampflos dem Gegner. Sie flohen nach Memphis, das nach längerer Belagerung gleichfalls fiel. Damit war die Herrschaft der 26. Dynastie beendet. Ihr letzter Pharao, Psammetich III., hatte nur etwa ein Jahr regiert.

Von 525 bis 404 stand Ägypten unter persischem Regiment. In diesem Zeitraum regierten acht Perserkönige, die als 27. Dynastie zusammengefaßt werden, gewissermaßen als Besatzungs-Pharaonen. Im Gegensatz zu den libyschen und kuschitischen Fremdherren empfanden die Ägypter die persischen Herrscher als Eindringlinge. Herodot schildert Kambyses als gottlosen, grausamen Tyrannen, der ägyptische Priester auspeitschen und töten ließ, die Götter verhöhnte und sogar den heiligen Apisstier umbrachte. An seine Stelle soll er einen Esel gesetzt haben, der in Ägypten als Unterweltstier verfemt war.

Dieses düstere Bild mag zum Teil dem leidenschaftlichen Haß auf die Perser entsprungen sein, der zur Zeit des Herodot alle patriotischen Griechen beseelte. Andererseits bezeugen auch objektiver urteilende Zeitgenossen, daß die Perser beim Einmarsch in Ägypten vieles zerstörten und Dinge taten, die in den Augen der frommen Bewohner des Nillandes heilloser Frevel waren. So biwakierten persische Soldaten im Neithtempel von Sais, bis der einflußreiche Arzt Udjaharresne den Perserkönig über die Bedeutung der Göttin Neith aufklärte. Daraufhin befahl Kambyses allerdings, den Tempel unverzüglich zu räumen, zu reinigen und das Fest der Göttin so feierlich zu begehen wie eh und je.

Der Ägypter Udjaharresne gehörte zu denjenigen, die während der Perserzeit Karriere machten. Kambyses ernannte ihn zum Leibarzt, und sein Nachfolger Darius I. erlaubte ihm, die »Häuser des Lebens« wiederaufzubauen, in denen die Söhne vornehmer ägyptischer Familien bald wieder Medizin und Theologie studieren konnten. Diese Gelehrtenschulen, die stets einem Tempel angeschlossen waren, galten als die Zentren der Wissenschaft. In ihren Bibliotheken wurden die kostbaren alten Papyri aufbewahrt. Zu den Unterrichtsfächern gehörten auch Magie und

Anchnesneferibre, eine Tochter Psammetichs II., versah 61 Jahre lang das Amt der Gottesgemahlin, bis die Perser sie absetzten. (Grüner Basalt, 71 cm.)

Die Nilpferdgöttin Toëris.

Abb. S. 250/251, 252/253

Traumdeutung. Hochberühmt war bis in römische Zeit das vielleicht noch von dem weisen Imhotep gegründete Asklepieion in Memphis. In Sais wurden auch Mädchen ausgebildet, und zwar als Hebammen. Große Verehrung genoß die Nilpferdgöttin Toëris als Schutzgöttin schwangerer Frauen.

Bei seinem Versuch, nach Äthiopien vorzudringen, erlitt Kambyses Schiffbruch. Auch ein Zug zur Oase Siwa scheiterte. Ein Sandsturm in der Wüste vernichtete die 50000 Mann starken persischen Truppen. Im Jahre 522 verließ der Perserkönig resigniert Ägypten. Auf dem Rückweg nach Persien ereilte ihn der Tod. Die Verwaltung der ägyptischen »Provinz« hatte Kambyses vor der Abreise seinem Satrapen Arysandes übertragen.

Unter dem zweiten persischen Pharao, Darius I., besserte sich die Lage in Ägypten erheblich. Er ließ das gesamte ägyptische Recht bis zum Ende der Regierungszeit des Königs Amasis aufzeichnen und wird von Diodor deshalb als größter Gesetzgeber Ägyptens bezeichnet. Außerdem vollendete Darius I. den von Necho II. begonnenen Kanal zwischen dem Nil und dem Roten Meer. 24 Schiffe mit Tributlieferungen starteten auf diesem Weg ins persische Mutterland. In der Oase El-Charga, rund 200 Kilometer westlich von Theben, erbaute der erste Darius sogar einen Tempel für den Gott Amun. Es ist der einzige ägyptische Tempel der Perserzeit.

Der griechische Sieg über die Perser bei Marathon im Jahre 490 gab auch den Ägyptern neue Hoffnung auf Befreiung von der Fremdherrschaft. Vier Jahre später brach ein Aufstand aus, der zwar von dem neuen Perser-Pharao Xerxes I. niedergeschlagen werden konnte, doch schon bald kam es zu neuen Unruhen. Die Niederlage der Perser bei Salamis schürte erneut den Funken des Widerstandes. Nach der Ermordung Xerxes' I. gelang es Inaros, der vermutlich ein Sohn des letzten Psammetich war, das gesamte Deltagebiet zu erobern. Die persischen Besatzer mußten sich nach Memphis zurückziehen. Inaros verbündete sich mit den Athenern, konnte sich aber trotzdem gegen ein persisches Entsatzheer auf die Dauer nicht halten. Im Jahre 454 war die Niederlage der Ägypter und Athener besiegelt. Inaros geriet in persische Gefangenschaft und wurde gekreuzigt.

Etwa vier Jahre später kam Herodot nach Ägypten. Im zweiten Buch seiner *Historien* schilderte er alles Wissenswerte, was er auf seiner Reise über Geschichte, Religion, Kultur und Sitten des Nillandes zusammengetragen hatte. Trotz mancher Irrtümer, die ihm unterliefen, und einer unleugbaren Vorliebe für Histörchen

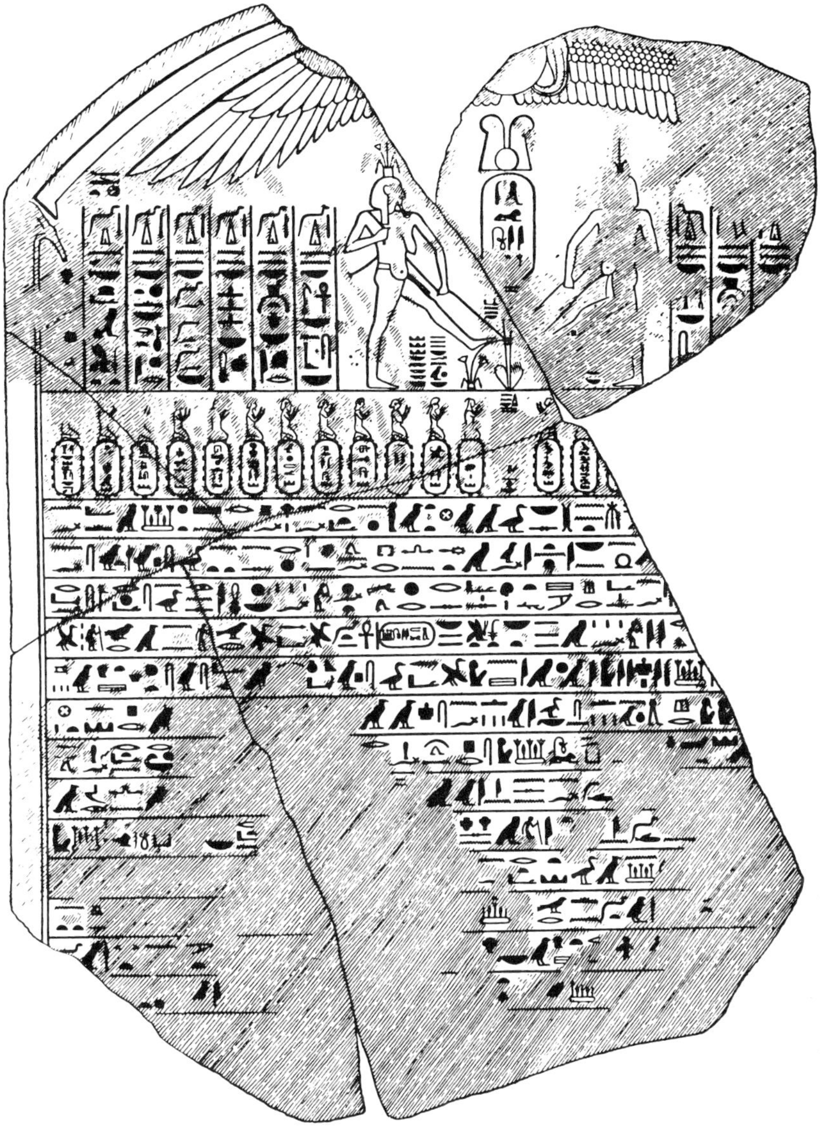

Nachzeichnung der Darius-Stele von Tell el-Maschuta mit der Kartusche des Perserkönigs zwischen Fruchtbarkeitsgöttern. Darunter Verzeichnis der Völker, die ihm untertan waren.

und Anekdoten ist sein Werk für uns eine wertvolle, unerschöpfliche Informationsquelle.
Nach dem Tode Darius' II., des vorerst letzten persischen Pharaos, im Jahre 404 glückte es dem Gaufürsten Amyrtaios von Sais, Ägypten vom Perserjoch zu befreien. Dieser einzige Herrscher der 28. Dynastie regierte bis 399. Dann gründete Nepherites I. aus Mendes die 29. Dynastie, zu der immerhin vier Pharaonen gehören, die es zusammen auf 19 Regierungsjahre brachten. Der bedeutendste von ihnen war Achoris, der zwischen 385 und 383 einen neuerlichen Versuch der Perser, Ägypten ihrem Groß-

reich einzugliedern, erfolgreich vereitelte. In der sogenannten *Demotischen Chronik* heißt es über Achoris, daß er so lange regieren konnte, »weil er so großzügig gegenüber den Tempeln war«, daß er schließlich aber gestürzt wurde, »weil er sich vom Recht abkehrte und sich nicht um seine Brüder kümmerte«[43]. Dieser interessante Papyrustext, der vermutlich erst aus dem 2. Jahrhundert stammt, stellt eine ursächliche Beziehung zwischen rechtschaffenem Lebenswandel und irdischem Erfolg her.

Namenskartusche Nektanebos' I.

Aus Sebennytos nordwestlich von Sais stammte die 30. und letzte einheimische Dynastie ägyptischer Pharaonen. Sie wurde im Jahre 380 von dem General Nektanebos begründet, einem Usurpator, der den Sohn des Achoris nach wenigen Monaten vom ererbten Thron verdrängte.

Nektanebos I. als Kind zwischen der Schlangen- und der Geiergöttin. Relief von seinem Geburtshaus in Dendera.

Die Neithstele des Nektanebos I. aus Sais.

Abb. S. 254

Unter seiner Herrschaft gewann Ägypten noch einmal ein wenig vom Glanz früherer Zeiten zurück. Nektanebos tat sich als großer Bauherr hervor. In Dendera nördlich von Theben, einer uralten Kultstätte der Göttin Hathor, errichtete er ein mit schönen Reliefs geschmücktes Geburtshaus. Darin sollte die Göttin ungestört niederkommen und die Zeit des Wochenbettes verbringen können.

Den von den Assyrern verwüsteten Tempelbezirk von Karnak ließ Nektanebos mit einer neuen Umfassungsmauer aus Nilschlammziegeln begrenzen. Der große Amuntempel wurde renoviert und erhielt einen monumentalen Pylon von 113 Metern Breite, 43 Metern Höhe und 13 Metern Dicke. Durch diesen Torbau gelangt man noch immer in den Tempelhof. Als neue Prozessionsstraße zwischen Karnak und Luxor legte der Pharao die »Westliche Sphinxallee« an. Zwischen je zwei Sphingen ließ er einen Baum einpflanzen. Die für die Aufnahme des Wurzelwerks bestimmten Gruben sind in der Erde bis heute zu erkennen.

Aber auch umfangreiche Stiftungen für verschiedene altehrwürdige Götter werden bezeugt. In Edfu zwischen Theben und Elephantine schenkte Nektanebos I. dem Tempel des Horus weite

Ländereien. Zur Ausschmückung des Neithtempels in Sais erlegte er sogar der Freihandelsstadt Naukratis erstmalig einen zehnprozentigen Zoll auf, der sowohl die gesamte Wareneinfuhr als auch eigene Erzeugnisse betraf.
Mit dem Tode dieses Nektanebos im Jahre 362 war die glückliche Zeit des friedlichen Wohlstands wieder einmal beendet. Unter seinem Sohn und Nachfolger Teos flammte wohl ein letztes Mal der Traum von einem mächtigen ägyptischen Imperium auf, und gemeinsam mit dem greisen König Arkesilaos von Sparta führte der neue Pharao einen Feldzug gegen Phönizien. Doch die Angreifer wurden entschlossen zurückgeschlagen. Teos floh nach Persien, wo er später starb.

Fahrt der Sonne durch die Unterwelt, vom Einbruch der Nacht zur Morgendämmerung. Granitrelief vom Sarg des Priesters Teos, 30. Dynastie.

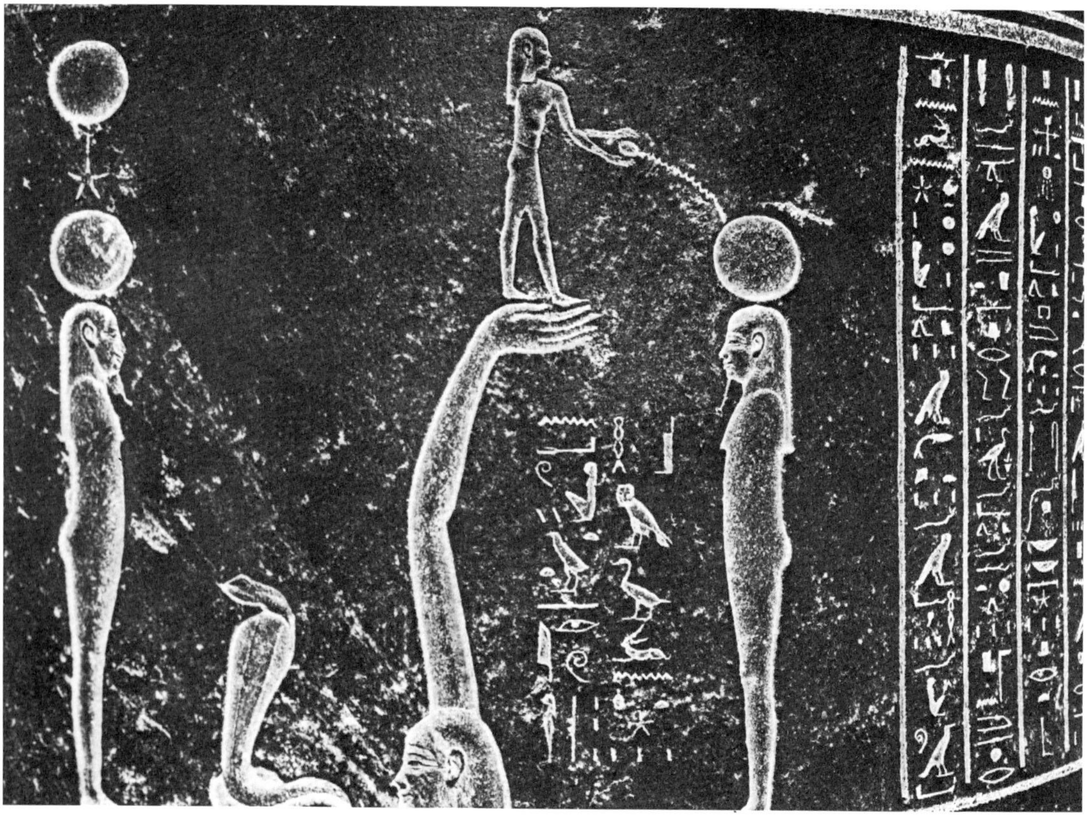

Der letzte Ägypter auf dem Pharaonenthron war sein Sohn Nektanebos II., der von 360 bis 343 regierte. Er nahm sich ein Beispiel an seinem Großvater und Namensvetter, verzichtete auf jeglichen Schlachtenruhm und widmete sich statt dessen der Renovierung von Tempeln und anderen Bauten. Das ging so lange gut, wie das angeschlagene Persien vollauf damit beschäftigt war, Kleinasien wieder fest in seine Gewalt zu bekommen. Nach der Eroberung Phöniziens und Palästinas zog der persische König Artaxerxes II. jedoch im Jahre 343 mit einer gewaltigen Heeresmacht gegen Ägypten zu Felde. Das persische Großreich wollte jetzt endgültig seinen ständig steigenden Bedarf an ägyptischem Gold und Getreide sichern.

Abb. S. 255

Nektanebos II. war entschlossen, die befestigten Deltastädte mit allen Mitteln zu verteidigen. Doch gleich zu Beginn des Krieges wurden die griechischen Söldnertruppen des Pharaos völlig aufgerieben. Nektanebos floh nach Memphis. Wenig später ergab sich die Besatzung von Pelusium, weil die Perser ihr als Gegenleistung gute Behandlung versprochen hatten. Andere Städte schlossen sich ihrem Beispiel an. Als auch Bubastis gefallen war, ergab sich das gesamte Nildelta einmütig Artaxerxes III. Der letzte ägyptische Pharao aber entwich nach Äthiopien, ohne sich einer Entscheidungsschlacht zu stellen. Man hat nie wieder etwas von ihm gehört.

Ägypten hatte seine politische Autonomie für immer eingebüßt. Wenn künftige Landesherren noch den Pharaonentitel führten, so war das nicht viel mehr als eine Konzession an das traditionsbewußte ägyptische Volk. Die neuerliche Herrschaft der Perser am Nil dauerte nur elf Jahre. Dann hatte sich Darius III. der Streitmacht des jungen Makedonenkönigs Alexander zu stellen. Und der bereitete dem Perserheer im Jahre 333 bei Issos eine totale

Kartusche Alexanders des Großen vom Amuntempel in Karnak.

Zwei Darstellungen Alexanders als Pharao mit den Kronen Ägyptens vor Amun mit der Doppelfederkrone. Relief von seinem Tempel in Karnak.

Niederlage. Damit war der Weg zu den phönizischen Küstenstädten frei. Nach dem Fall der Grenzfestung Gaza zog der siegreiche Grieche Alexander, dem man bald den Beinamen »der Große« geben sollte, nach Ägypten weiter, wo er vom Volk als Befreier von der Knechtschaft der verhaßten Perser freudig empfangen wurde. Der persische Satrap ergab sich ihm widerstandslos.

Im Gegensatz zu den Persern respektierte und verehrte Alexander der Große die einheimischen Götter und gewann mit dieser Haltung die Herzen der Ägypter. Er ging nach Memphis, wo er dem heiligen Apisstier öffentlich die ihm gebührenden Opfer darbrachte. Danach stand seiner Krönung zum Pharao nichts mehr im Wege.

Im Frühjahr 331 gründete er im westlichen Nildelta nahe der ägyptischen Grenzfestung Rhakotis die Stadt Alexandria. »Es schien ihm, daß dieser Ort sich wunderbar zu einer Stadtgründung eigne und die Stadt sehr begünstigt werde. Ihn ergriff Begeisterung für diese Arbeit, und er machte den Plan selbst, indem er zeigte, wo der Versammlungsplatz gebaut werden sollte und welche Götter ihre Tempel wo haben sollten. Griechische Götter wurden neben der ägyptischen Isis auserwählt. Er ordnete auch an, wo die Außenmauer errichtet werden sollte.«[44]

Dann brach Alexander der Große nur mit einer kleinen Schar von Begleitern zu einem beschwerlichen Marsch in die Oase Siwa auf, die 450 Kilometer von Alexandria entfernt in der Libyschen Wüste liegt. Der hier verehrte, ursprünglich libysche Orakelgott wurde von den Ägyptern mit ihrem Gott Amun-Re identifiziert. Die Griechen aus Kyrene feierten ihn unter dem Namen Ammon und prägten das Widderhorn des Gottes auf ihre Münzen.

Im Gegensatz zu Kambyses, der in einen Sandsturm geraten war, erreichte Alexander nach acht Tagen sein Ziel. Zwei Raben, so weiß die Legende zu berichten, flogen vor ihm her und zeigten ihm den Weg.

Welche Fragen Alexander der Große an das Orakel in Siwa richtete, blieb sein Geheimnis. Sicher ist jedoch, daß er bis zu seinem Tode dem Gott Ammon ganz besondere Verehrung entgegenbrachte. Ob er ihn wirklich als seinen leiblichen Vater betrachtete, wie phantasievolle Zeitgenossen behaupten, läßt sich bezweifeln. Allerdings war er als ägyptischer Pharao ein Sohn des Amun, den die Griechen – ebenso wie den Orakelgott Ammon – mit Zeus, dem Vater der Götter, gleichsetzten. Und als »Kind des Zeus« soll der Oberpriester des Ammon den makedonischen Herrscher auf der Schwelle des Ammontempels in Siwa begrüßt haben. Sicher ist auch, daß Alexander sich bald nach seinem Besuch in Siwa auf Münzen mit dem Ammonsgehörn darstellen ließ. Diese Porträts gehören zu den schönsten Bildnissen des Hellenismus.

Goldene Tetradrachme Alexanders des Großen mit dem Ammonsgehörn.

▶ Maat, die Göttin der Wahrheit und Gerechtigkeit, vor dem heiligen Ibis des Gottes Thot. Statuette aus Bronze und vergoldetem Holz (Höhe 19,5 cm).

Nach dem Tode Alexanders des Großen im Jahre 323 übernahm sein Freund und ehemaliger Leibwächter Ptolemaios (»der Kriegerische«) bei der Teilung des Alexanderreiches die Herrschaft über Ägypten. Mit Hilfe von Bestechung gelang es ihm, den unglaublich prunkvollen Leichenwagen Alexanders des Großen nach Ägypten zu dirigieren – sein ursprüngliches Ziel war Makedonien gewesen! Über dem gläsernen Sarkophag mit goldenem Deckel erhob sich ein 11 Meter hoher, reich geschmückter Baldachin. 64 Maultiere waren nötig, um den Wagen fortzubewegen, dessen Achsen und Räder sorgfältig gefedert worden waren. Ingenieure und Straßenbauarbeiter begleiteten den Zug.

Ptolemaios ließ den prächtigen Sarkophag zuerst in Memphis zur Schau stellen, dann fand er in Alexandria seinen endgültigen Standplatz. Dort gehörte er noch in römischer Zeit zu den vielbestaunten Attraktionen der lebhaften Metropole. Wahrscheinlich fiel er im 3. Jahrhundert n. Chr. bei Volksunruhen der Zerstörung anheim.

Im Jahre 305 nahm Ptolemaios I. den Königstitel an und begründete die ptolemäische Dynastie. Die letzte Erbin seines Geschlechts war die reizvolle, ehrgeizige Kleopatra. Ihrem späten Traum von einem ägyptischen Großreich an der Seite ihres Geliebten, des römischen Feldherrn Marcus Antonius, setzte Kaiser Augustus ein jähes Ende, und nach dem Sieg der Römer bei Actium im Jahre 31 beging Kleopatra Selbstmord. Ägypten wurde römische Provinz.

Unter den makedonischen und römischen Herren behauptete sich die ägyptische Religion und Kultur trotz aller fremden Einflüsse noch erstaunlich lange. So war es möglich, daß Ammon und der nach seinem Tode vergöttlichte Alexander im Orakelheiligtum der Oase Siwa noch bis zum Jahre 529 n. Chr. verehrt wurden. Erst der oströmische Kaiser Justinian, ein militanter Christ, beendete gewaltsam den heidnischen Kult – 900 Jahre nach dem Besuch Alexanders des Großen in Siwa.

Archaistische Tendenzen in der spätägyptischen Kunst dokumentieren das bewußte Festhalten an althergebrachten Traditionen. Die Zeugnisse der Vergangenheit, alte Denkmäler und Inschriften, wurden sorgfältig wieder und wieder kopiert. Auf Tempelreliefs tauchte jetzt in Ägypten der Begriff des »Goldenen Zeitalters« auf. Mag dieses mythologische Bild auch der griechischen Sage entlehnt worden sein, so liegt es doch nahe, daß die Ägypter etwas ganz Bestimmtes darunter verstanden: das für immer entschwundene Zeitalter ihrer großen Pharaonen.

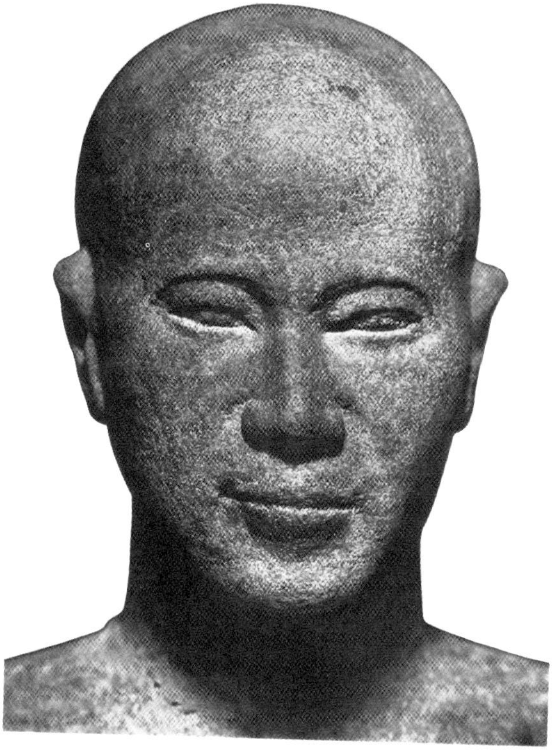

◀ Die Verlagerung des politischen Zentrums nach Sais im Nildelta brachte auch den Nilgott Hapi zu neuen Ehren. Hier ein Bronzerelief mit Wassergefäßen und Lotosblüten (19,6 cm). Daneben: Der überlebensgroße Kopf (86 cm) des Hohepriesters Djedisetiufanch.
Darunter: Die beiden einflußreichsten Berater Psammetichs I. Links der Prinz Bes, »Ständiger Begleiter Seiner Majestät« (Kalkstein, 32 cm); rechts der saïtische Wesir Nespekaschuti, gewissermaßen der Reichskanzler des Pharaos (Kalkstein, 80 cm).
▶ Siegesstele des assyrischen Königs Asarhaddon, der Memphis einnahm und Taharka, den letzten Pharao der 25. Dynastie, vertrieb.
▼ Asarhaddons Sohn Assurbanipal setzte die Eroberung Ägptens fort, vermochte sich aber gegenüber den von ihm selbst berufenen Statthaltern, darunter Psammetich I., nicht zu behaupten.

Beispiel für zwei künstlerische Motive aus der Glanzzeit des Neuen Reiches, die in der Spätzeit nicht minder kunstvoll wieder aufgegriffen und noch verfeinert wurden.

◀ Pektoral aus blauer Fayence. Ein Verstorbener betet kniend den heiligen, menschenköpfigen Skarabäus und Osiris an (26. Dynastie, 13,2 cm hoch). Solche »Amulette« wurden an Perlenketten auf der Brust getragen.

▼ Psammetich I. oder II. unter dem Schutz der Göttin Hathor in Gestalt einer Kuh. Vorbild für diese Skulptur aus grünem Schiefer (Länge 105 cm) war eine doppelt so große Kalksteinfigur in einer von Thutmosis III. erbauten Kapelle in Der el-Bahari.

▼ Goldmaske der Mumie eines heiligen Widders von der Nilinsel Elephantine, der Heimat des widderköpfigen Schöpfergottes Chnum.

Tierkulte und Tierdarstellungen erfreuten sich in der Spätzeit des Ägyptischen Reiches besonders großer Beliebtheit:

▲ Bronzekatze mit Augen aus funkelnden Halbedelsteinen, ein Weihgeschenk für die Katzengöttin Bastet in Bubastis, die »Spenderin der Freude, mystischer Trunkenheit und beschwörender Musik«.

Herrscher in dunkler Zeit:
▲ Dieser Quarzitkopf stellt möglicherweise den Pharao Amasis dar (45 cm).
◀ Bronzestatuette des Neferhotep, der die Doppelkrone und den Königsschurz trägt, jedoch in keiner Königsliste als Pharao verzeichnet ist.

Folgende Doppelseite:
Persepolis, die glänzende Metropole der Perserkönige, die auch Ägypten beherrschten, wurde von Alexander dem Großen zerstört.

◀ Das Felsdenkmal von Bisutun an der Heerstraße nach Babylon zeigt den Bußgang der unterworfenen Völkerfürsten zu König Darius I. Darunter: Darius auf seinem Thron, hinter ihm sein Sohn, der Thronfolger Xerxes. Detail von einem Kalksteinrelief im Schatzhaus von Persepolis.

▶ Das »Tor der Länder« in Persepolis wurde unter Xerxes I. um 475 v. Chr. errichtet.

▼ Diesen Palast ließ Xerxes für seinen Harem bauen. Er wurde 1932 stilgetreu rekonstruiert.

Folgende Doppelseite:
Die monumentalen kreuzförmigen Felsengräber von Darius II., Artaxerxes und Darius I. nördlich von Persepolis. Ihre Eingänge liegen ca. 10 m über dem Erdboden. Die Reliefs an der Basis des Felsens wurden erst im 3. Jahrhundert n. Chr. angebracht.

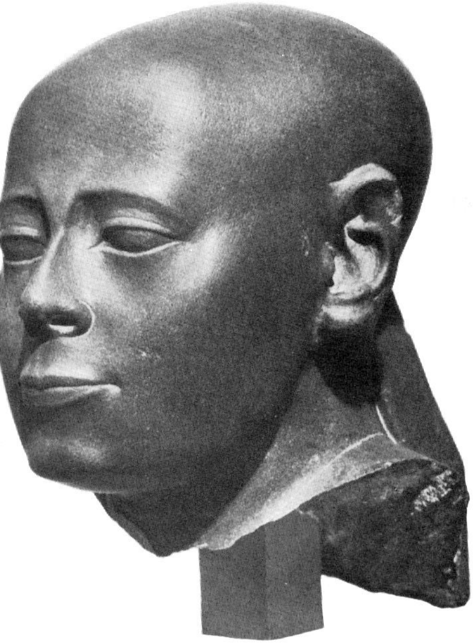

▲ Eines der markantesten Porträts der Spätzeit: Der Schieferkopf eines Wesirs und »Propheten des Amun« aus Karnak (15 cm). Rechts: Erstaunlich realistisch gibt dieser Gipsabguß nach einem Tonmodell (28 cm) die Züge Nektanebos' I. wieder.
▼ Dem Gott Thot weihte der gleiche Pharao diesen Granitlöwen (197 cm).

▶ Nektanebos II., der letzte Pharao, stiftete dem Horusheiligtum in Edfu eine Granitkapelle. Im Tabernakel stand eine Horusstatue. Der Sockel davor war für die heilige Barke bestimmt.

▼ Blick auf die Gesamtanlage des Tempels von Edfu in heutigem Zustand.

Folgende Seite:
332 v. Chr. befreite Alexander der Große Ägypten vom Perserjoch und übernahm das Erbe der Pharaonen. Das von Lavamassen beschädigte Mosaik aus Pompeji schildert die Entscheidungsschlacht bei Issos: Darius III. (mit Helm) beobachtet entsetzt das Vordringen der Griechen. Mit bloßem Haupt (links und unten) der junge Makedonenkönig Alexander.

Anhang

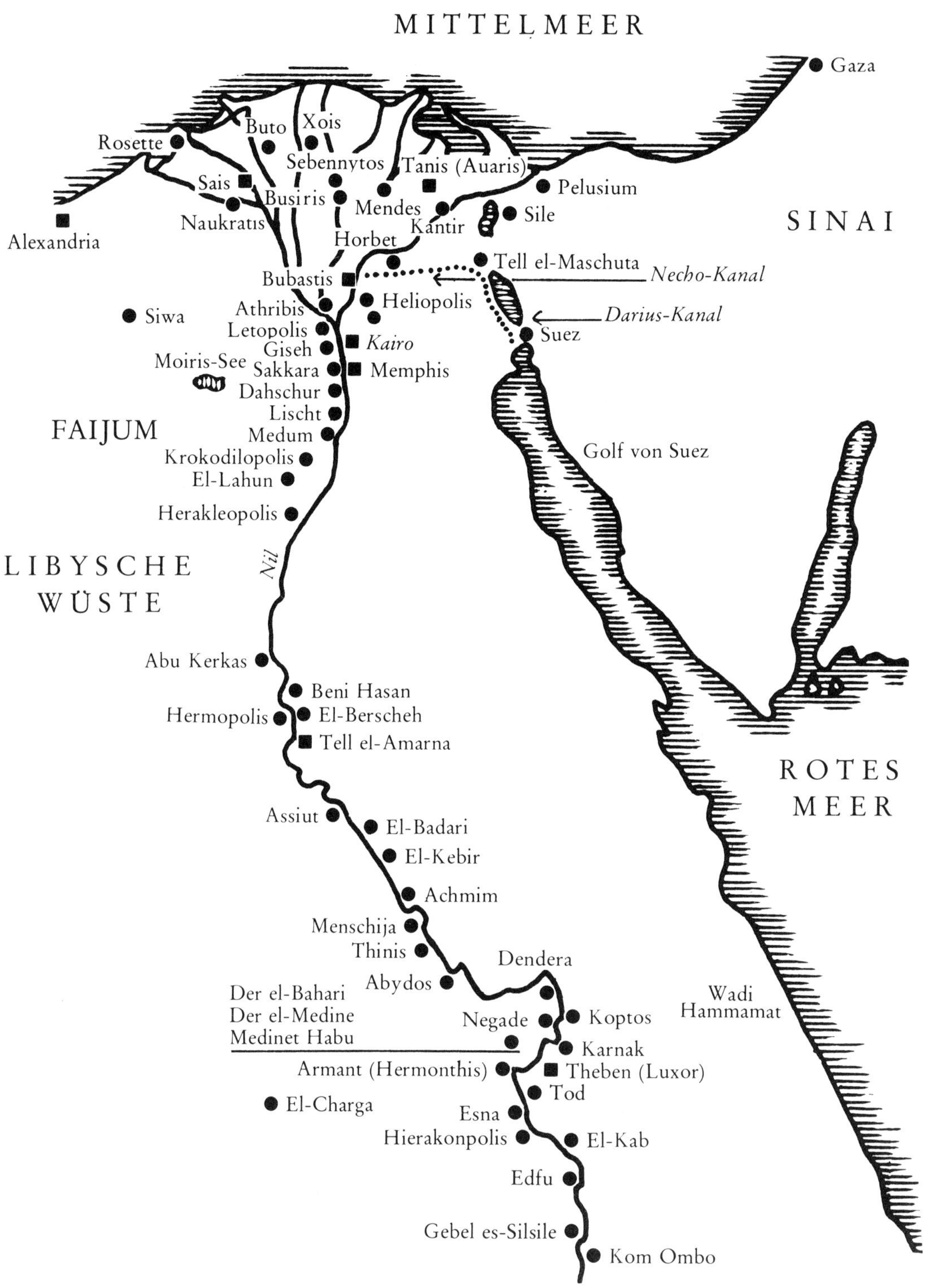
MITTELMEER
Gaza
Rosette
Buto
Xois
Sebennytos
Tanis (Auaris)
Sais
Pelusium
Busiris
Mendes
Alexandria
Naukratis
Sile
Kantir
SINAI
Horbet
Tell el-Maschuta
Necho-Kanal
Bubastis
Athribis
Heliopolis
Siwa
Darius-Kanal
Letopolis
Suez
Giseh
Kairo
Moiris-See
Sakkara
Memphis
Dahschur
Lischt
FAIJUM
Medum
Golf von Suez
Krokodilopolis
El-Lahun
Herakleopolis
LIBYSCHE
WÜSTE
Nil
Abu Kerkas
Beni Hasan
Hermopolis
El-Berscheh
Tell el-Amarna
ROTES
MEER
Assiut
El-Badari
El-Kebir
Achmim
Menschija
Thinis
Dendera
Abydos
Wadi
Hammamat
Der el-Bahari
Der el-Medine
Medinet Habu
Negade
Koptos
Karnak
Armant (Hermonthis)
Theben (Luxor)
Tod
El-Charga
Esna
Hierakonpolis
El-Kab
Edfu
Gebel es-Silsile
Kom Ombo

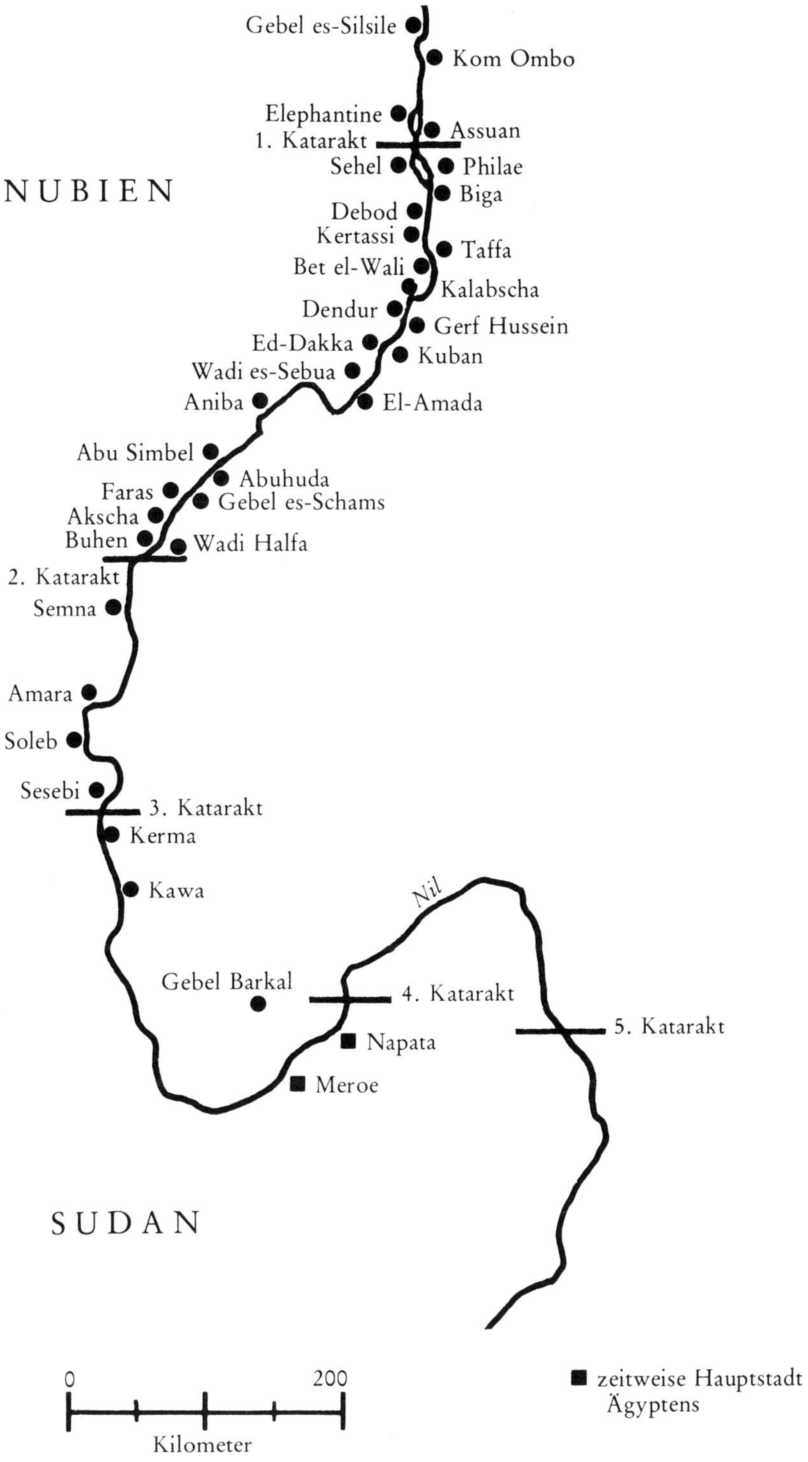

Gebel es-Silsile
Kom Ombo
Elephantine
Assuan
1. Katarakt
Sehel
Philae
NUBIEN
Biga
Debod
Kertassi
Taffa
Bet el-Wali
Kalabscha
Dendur
Gerf Hussein
Ed-Dakka
Kuban
Wadi es-Sebua
Aniba
El-Amada
Abu Simbel
Abuhuda
Faras
Gebel es-Schams
Akscha
Buhen
Wadi Halfa
2. Katarakt
Semna
Amara
Soleb
Sesebi
3. Katarakt
Kerma
Kawa
Nil
Gebel Barkal
4. Katarakt
Napata
5. Katarakt
Meroe
SUDAN
0
200
Kilometer
zeitweise Hauptstadt Ägyptens

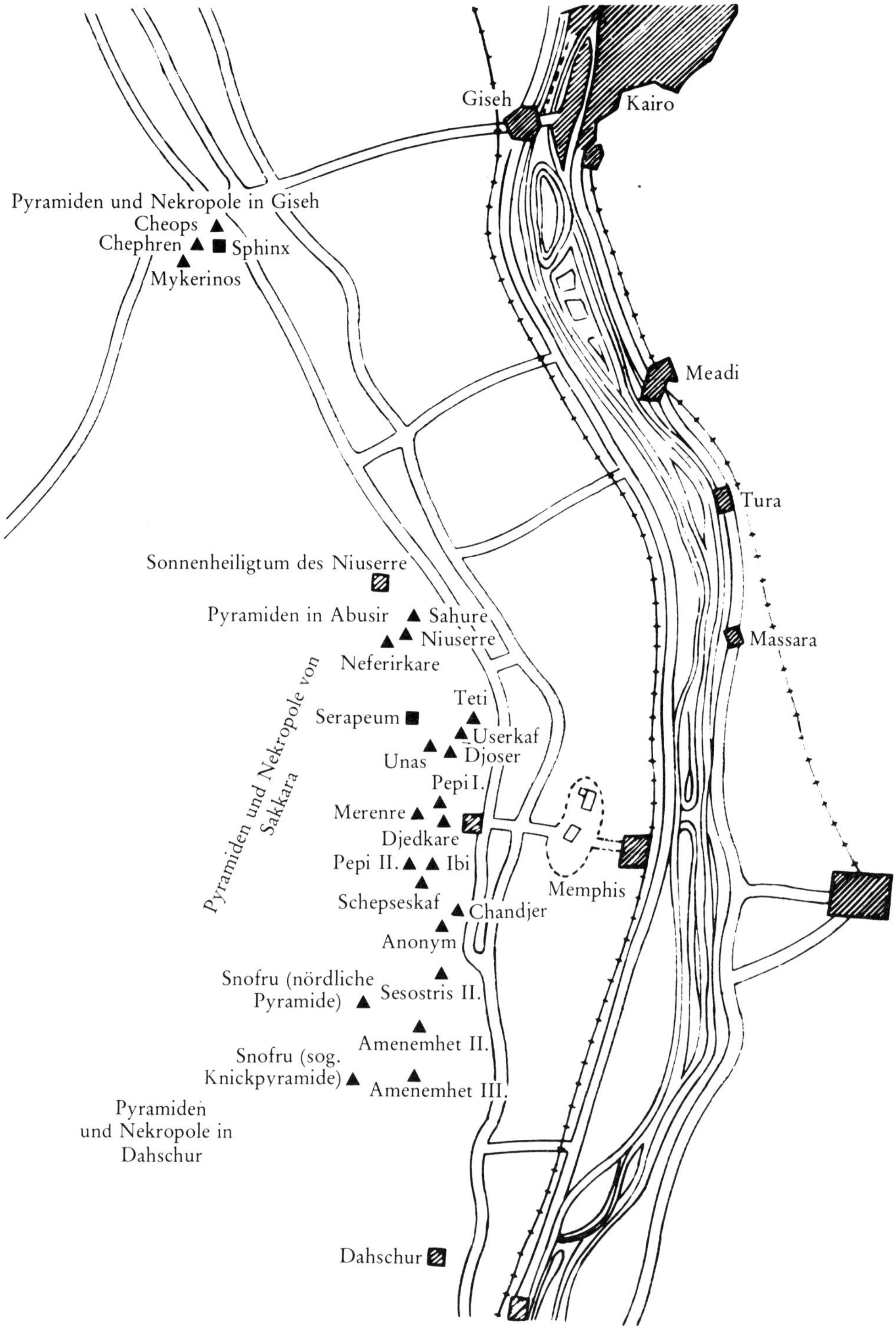

Die Nekropolen zwischen Giseh und Dahschur.

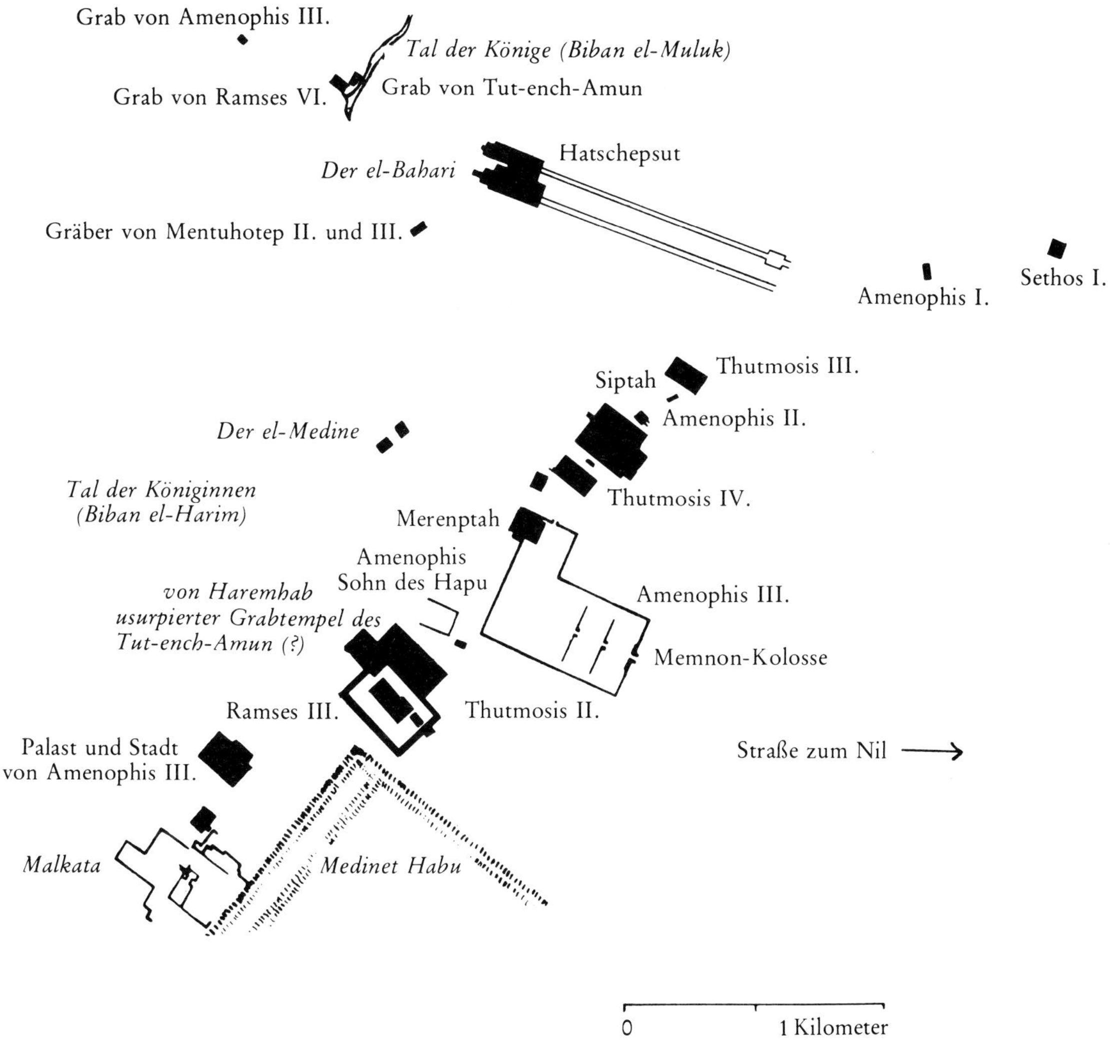

Der Totenbezirk im Westen von Theben mit dem Tal der Könige.

Die Pharaonen der 1. bis 31. Dynastie

(nach Walther Wolf, *Das alte Ägypten,* u.a.)

Königsnamen auf Denkmälern	und bei Manetho von Sebennytos

Die Thiniten (um 3000–2700 v. Chr.)

1. Dynastie

Narmer	Menes
Aha	Athothis
Djer	Kenkenes (Athothis)
Djet (Wadji)	Uenephes
Dewen	Usaphais
Adjib	Miebis
Semerchet	Semempses
Kaa	Ubienthes

2. Dynastie

Hetep-sechemui	Boethos
Neb-Re	Kaiechos
Nineter	Binothris
Peribsen	Tlas
Sened	Sethenes
–	Chaires
–	Nefercheres
–	Sesochris
Chasechemui	Cheneres

Das Alte Reich (um 2700–2150 v. Chr.)

3. Dynastie (um 2700–2575 v. Chr.)

Nebka	Necherophes
Djoser	Tosorthros
Sechem-chet	Tyreis
Chaba	–
Neferka	Mesochris
Huni (Ahu)	Aches

4. Dynastie (um 2575–2465 v. Chr.)

Snofru	Soris
Cheops	Suphis
Djedefre	Ratoises
Chephren	Suphis
Djedef-Hor	–
Bafre	Bicheris
Mykerinos (Menkaure)	Mencheres
Schepseskaf	Sebercheres
–	Thamphthys

Königsnamen auf Denkmälern	und bei Manetho von Sebennytos

5. Dynastie (um 2465–2325 v. Chr.)

Userkaf	Usercheres
Sahure	Sephres
Neferirkare (Kakai)	Nephercheres
Schepseskare	Sisiris
Neferefre	Cheres
Niuserre	Rathures
Menkauhor	Mencheres
Djedkare (Isosi)	Tancheres
Unas	Onnos

6. Dynastie (um 2325–2150 v. Chr.)

Teti	Othoes
Userkare	–
Pepi I. (Merire)	Phiops
Merenre	Methusuphis
Pepi II. (Neferkare)	Phiops
Merenre (Antiemsaf)	Menthesuphis
Nitokris	Nitokris

7. Dynastie (um 2150 v. Chr.)

Es handelt sich um 5 Könige aus Memphis, die insgesamt nur 70 Tage regierten, vermutlich Gegenkönige der Nitokris.

Die 1. Zwischenzeit
(um 2150–2040 v. Chr.)

8. Dynastie

Zu dieser Dynastie, die von ca. 2150 bis 2134 v. Chr. regierte, gehören 18 oder (nach Manetho) 27 Könige aus Memphis. Der bekannteste unter ihnen ist Ibi, dessen Pyramide in Sakkara gefunden wurde.

9. und 10. Dynastie

Die 19 Könige dieser beiden Dynastien – wahrscheinlich war es sogar nur eine einzige – stammten aus Herakleopolis und herrschten von 2134 bis ca. 2040 v. Chr. Gründer des kurzlebigen Herrscherhauses war nach Manetho ein gewisser Achthoes, auf Denkmälern dieser Zeit fand man u.a. Inschriften von einem Pharao namens Merikare.

Das Mittlere Reich
(um 2040–1785 v. Chr.)

11. Dynastie

Mentuhotep I.	2040 – 2006
Mentuhotep II.	2006 – 1998
Mentuhotep III.	1998 – 1991

12. Dynastie

Amenemhet I.	1991 – 1962
Sesostris I.	1962 – 1926 (ab 1971 Mitregent)
Amenemhet II.	1926 – 1892 (ab 1929 Mitregent)
Sesostris II.	1892 – 1878 (ab 1897 Mitregent)
Sesostris III.	1878 – 1841
Amenemhet III.	1841 – 1797 (ab 1844 Mitregent)
Amenemhet IV.	1797 – 1789 (ab 1798 Mitregent)
Sobeknofru	1789 – 1785

Die 2. Zwischenzeit
(1785–1551 v. Chr.)

13. und 14. Dynastie
Von ca. 1785 bis 1650 v. Chr. regierten die thebanischen Herrscher des 13. Königshauses zum Teil gleichzeitig mit den Pharaonen von Xois im nördlichen Nildelta, den Königen der 14. Dynastie.
Zur 13. Dynastie gehören Ugaf, Iufni, Chendjer, der eine Pyramide in Sakkara hinterließ, und Nehasi. Von den unbedeutenden Herrschern der 14. Dynastie kennen wir nur »Spitznamen« wie Ibis, Ente, Apis und Schützer der Frauen.

15. Dynastie (Die Hyksos)

Königsnamen auf Denkmälern	und bei Manetho von Sebennytos
Schalek	Salitis
Scheschi	Bnon
Jaqob-her	Apachnan
Chajan	Iannas
Apophis	Apophis
Chamudi	Assis

Die Fremdherrschaft der Hyksos war im Jahre 1544 v. Chr. endgültig beendet.

16. Dynastie
Nach Manetho handelt es sich um 32 Hirten- oder Lokalkönige, die zwischen 1650 und 1550 gleichzeitig mit den Hyksos regierten und unter ihrer Oberhoheit standen.

17. Dynastie
Sie herrschten ebenfalls zur Zeit der Hyksos, und zwar in Theben. Der letzte dieser Kleinfürsten war Kamose, der den Befreiungskampf gegen die Fremdherrschaft der Hyksos begann.

Das Neue Reich (1551–1306 v. Chr.)

18. Dynastie

Ahmose	1551 – 1526
Amenophis I.	1526 – 1505
Thutmosis I.	1505 – 1493
Thutmosis II.	1493 – 1490
Hatschepsut	1490 – 1468
Thutmosis III.	1468 – 1436 (ab 1490 Mitregent)
Amenophis II.	1436 – 1412 (ab 1438 Mitregent)
Thutmosis IV.	1412 – 1402
Amenophis III.	1402 – 1364
Amenophis IV. (Echnaton)	1364 – 1347
Semenchkare	1350 – 1347 (Mitregent)
Tut-ench-Amun	1347 – 1338
Eje	1337 – 1333
Haremhab	1333 – 1306

19. Dynastie

Ramses I.	1306 – 1304
Sethos I.	1304 – 1290
Ramses II.	1290 – 1224
Merenptah	1224 – 1204
Amenmesse	1204 – 1201
Sethos II.	1201 – 1194
Siptah	1194 – 1188
Tausret	1188 – 1186

20. Dynastie

Sethnacht	1186 – 1184
Ramses III.	1184 – 1153
Ramses IV. – Ramses X.	1153 – 1102
Ramses XI.	1102 – 1075

Die 3. Zwischenzeit
(um 1075–711 v. Chr.)

21. Dynastie

Smendes	1075 – 1049
Psusennes I.	1049 – 1004
Neferkare	1004 – 995
Amenemope	995 – 976
Siamun	976 – 951
Psusennes II.	951 – 945

22. Dynastie (Die Libyer)

Scheschonk I.	945 – 924
Osorkon I.	924 – 889
Takelothis I.	889 – 874
Osorkon II.	874 – 850
Takelothis II.	850 – 825
Scheschonk III.	825 – 773
Pemu	773 – 767
Scheschonk IV.	767 – 730
Osorkon IV.	730 – 715

Unsicher ist die Einordnung Scheschonks II., der entweder nach Osorkon I. oder nach Osorkon II. kurze Zeit regierte. Nach ihrer Hauptstadt Bubastis werden die libyschen Pharaonen auch Bubastiden genannt.

23. Dynastie

Es handelt sich um eine Nebenlinie der Bubastiden, die um das Jahr 808 v. Chr. in Tanis auftrat. Die bekanntesten Herrschernamen sind Petubastis und Osorkon III.

24. Dynastie (Die Saïten)

Tefnacht	724 – 716
Bocchoris	716 – 711

Die Spätzeit
(um 715–332 v. Chr.)

25. Dynasie (Die Kuschiten)

Kaschta	um 720
Pianchi	715 – 712
Schabako	712 – 698
Schebitku	698 – 690
Taharka	690 – 664
Tanwetamani	664 – 656

26. Dynastie

Psammetich I.	664 – 610
Necho II.	610 – 595
Psammetich II.	595 – 589
Apries	589 – 570
Amasis	570 – 526
Psammetich III.	526 – 525

27. Dynastie (Die Perser)

Kambyses	525 – 522
Darius I.	521 – 486
Xerxes I.	486 – 466
Artaxerxes I.	465 – 424
Xerxes II.	424
Sogdianos	424
Darius II.	424 – 404

28. Dynastie

Amyrtaios von Sais	404 – 399

29. Dynastie

Nepherites I.	399 – 393
Psammuthis	393
Achoris	393 – 380
Nepherites II.	380

30. Dynastie

Nektanebos I.	380 – 363
Teos	362 – 361
Nektanebos II.	360 – 343

31. Dynastie (Perser)

Artaxerxes III.	343 – 338
Arses	338 – 336
Darius III.	335 – 332

Im Jahre 332 zog Alexander der Große in Ägypten ein und übernahm die Pharaonenwürde.

Zitatnachweise

1. Heinz Demisch: *Die Sphinx,* Stuttgart 1977, S. 16.
2. Walther Wolf: *Das alte Ägypten,* München 1971, S. 59.
3. Sir Alan Gardiner: *Geschichte des Alten Ägypten,* Stuttgart 1965, S. 489.
4. Kurt Mendelssohn: *Das Rätsel der Pyramiden,* Berg. Gladbach 1978, S. 202.
5. Henri Frankfort: *Kingship and the Gods,* Chicago 1948, S. 69.
6. Herodot: *Historien II,* 124.
7. Hans Strelocke: *Ägypten,* Köln 1977, S. 223.
8. Walther Wolf: *Das alte Ägypten,* München 1971, S. 185.
9. Herodot: *Historien II,* 100.
10. Sir Alan Gardiner, a. a. O., S. 118f.
11. Sir Alan Gardiner, a. a. O., S. 143.
12. Walther Wolf, a. a. O., S. 77.
13. E. E. Vardiman: *Nomaden,* Wien 1977, S. 309.
14. Herodot: *Historien II,* 102 – 103.
15. Pierre Montet: *Das Leben der Pharaonen,* Frankfurt 1970, S. 68f.
16. Wolfgang Helck: *Die Beziehungen Ägyptens zu Vorderasien im 3. und 2. Jahrtausend v. Chr.,* Wiesbaden 1971, S. 102.
17. Eberhard Otto: *Ägypten – der Weg des Pharaonenreiches,* Stuttgart 1966, S. 132.
18. John A. Wilson: *Ägypten,* Frankfurt 1961, S. 421.
19. Walther Wolf, a. a. O., S. 101.
20. Peter H. Schulze: *Herrin beider Länder – Hatschepsut,* Berg. Gladbach 1976, S. 123.
21. Wolfgang Helck, a. a. O., S. 136.
22. Bob Tadema Sporry: *Das Weltreich der Pharaonen,* Wels/München 1977. S. 137.
23. Sir Alan Gardiner, a. a. O., S. 262.
24. Thomas Hoving: *Der Goldene Pharao,* Bern/München 1978, S. 373.
25. Thomas Hoving, a. a. O., S. 372.
26. Thomas Hoving, a. a. O., S. 378.
27. Veronica Ions: *Ägyptische Mythologie,* Wiesbaden 1968, S. 39.
28. Bob Tadema Sporry, a. a. O., S. 147.
29. Sir Alan Gardiner, a. a. O., S. 290.
30. E. E. Vardiman, a. a. O., S. 212.
31. Sir Alan Gardiner, a. a. O., S. 302.
32. John A. Wilson, a. a. O., S. 493.
33. Sir Alan Gardiner, a. a. O., S. 337.
34. Sir Alan Gardiner, a. a. O., S. 344.
35. Sir Alan Gardiner, a. a. O., S. 353.
36. Walther Wolf, a. a. O., S. 215.
37. Walther Wolf, a. a. O., S. 216.
38. Herodot: *Historien II,* 141.
39. Herodot: *Historien II,* 151.
40. Herodot: *Historien IV,* 42.
41. Herodot: *Historien III,* 40.
42. Herodot: *Historien III,* 43.
43. Sir Alan Gardiner, a. a. O., S. 415.
44. Robin Lane Fox: *Alexander der Große,* Düsseldorf 1974, S. 260.

Literaturverzeichnis

Cyril Aldred: *Ägypten,* Köln 1962.
ders.: *Die Juwelen der Pharaonen,* München 1972.
Peter Bamm: *Alexander der Große,* Zürich 1971.
Jürgen von Beckerath: *Abriß der Geschichte des Alten Ägypten,* München 1971.
Helmuth M. Böttcher: *Gott hat viele Namen,* München 1964.
Janet Bord: *Irrgärten und Labyrinthe,* Köln 1976.
J. H. Breasted: *Geschichte Ägyptens,* Zürich 1954.
Emma Brunner-Traut: *Die Alten Ägypter. Verborgenes Leben unter Pharaonen,* Stuttgart 1974.
dies.: *Tiergeschichten aus dem Pharaonenland,* Mainz 1977.
Joseph Campbell: *Der Heros in tausend Gestalten,* Frankfurt/M. 1949.
Howard Carter: *Tut-ench-Amun – ein ägyptisches Königsgrab,* Leipzig 1927.
Lionel Casson: *Ägypten, Die Pharaonenreiche,* Reinbek 1971.
Jean-Louis de Cenival: *Ägypten,* Fribourg 1964.
Albert Champdor: *Das ägyptische Totenbuch in Bild und Deutung,* Bern/München 1977.
Heinz Demisch: *Die Sphinx,* Stuttgart 1977.
Walter B. Emery: *Ägypten,* München 1964.
Adolf Erman: *Ägypten und ägyptisches Leben im Altertum,* Tübingen 1923.
ders.: *Die Religion der Ägypter,* Berlin/Leipzig 1934.
Robin Lane Fox: *Alexander der Große,* Düsseldorf 1974.
Henri Frankfort: *Kingship and the Gods,* Chicago 1948.
James George Frazer: *Der goldene Zweig,* Frankfurt 1977.
Johanna Fürstauer: *Sittengeschichte des Alten Orients,* Reinbek 1969.
Sir Alan Gardiner: *Geschichte des Alten Ägypten,* Stuttgart 1965.
Mohammed Zakaria Goneim: *Die verschollene Pyramide,* Wiesbaden 1955.
Richard Hamann: *Ägyptische Kunst,* Berlin 1944.
Jacquetta Hawkes: *Bildatlas der frühen Kulturen,* Gütersloh 1977.
Wolfgang Helck: *Die Beziehungen Ägyptens zu Vorderasien im 3. und 2. Jahrtausend v. Chr.,* Wiesbaden 1971.
Herodot: *Historien,* Stuttgart 1971.
Max Hirmer/Eberhard Otto: *Ägyptische Kunst,* München 1971.
Erik Hornung: *Der Eine und die Vielen. Ägyptische Gottesvorstellungen,* Darmstadt 1971.
Thomas Hoving: *Der Goldene Pharao,* Bern/München 1978.
Veronica Ions: *Ägyptische Mythologie,* Wiesbaden 1968.
Gregoire Kolpaktchy: *Das ägyptische Totenbuch,* Bern/München 1970.
Jean-Philippe Lauer: *Saqqara,* Berg. Gladbach 1977.
Manfred Lurker: *Götter und Symbole der alten Ägypter,* Bern/München 1974.
Gabriel Mandel/Petra Eisele: *König Salomo,* Bern/München 1978.
Kurt Mendelssohn: *Das Rätsel der Pyramiden,* Berg. Gladbach 1978.
Kazimierz Michalowski: *Karnak,* Wien 1970.
ders.: *Luxor,* Wien 1972.
ders.: *Pyramiden und Mastabas,* Wien 1972.
Pierre Montet: *Das Leben der Pharaonen,* Frankfurt 1970.
ders.: *Das alte Ägypten,* Essen 1975.
Eberhard Otto: *Ägypten – der Weg des Pharaonenreiches,* Stuttgart 1966.
John D. S. Pendlebury: *Tell el-Amarna,* London 1935.
Kurt Pollak: *Die Heilkunst der frühen Hochkulturen,* Wiesbaden 1978.

Rudolf Pörtner (Hrsg.): *Alte Kulturen ans Licht gebracht,* Düsseldorf 1975.
Alexander Scharff/Anton Moortgat: *Ägypten und Vorderasien im Altertum,* München 1962.
Peter H. Schulze: *Herrin beider Länder – Hatschepsut,* Berg. Gladbach 1976.
Joachim Spiegel: *Das Werden der altägyptischen Hochkultur,* Heidelberg 1953.
Bob Tadema Sporry: *Das Weltreich der Pharaonen,* Wels/München 1977.
G. Steindorff: *Die Blütezeit des Pharaonenreichs,* Bielefeld 1900.
Henri Stierlin: *Die Welt der Pharaonen,* Bayreuth 1978.
Hans Strelocke: *Ägypten,* Köln 1977.
Peter Tompkins: *Cheops,* Bern/München 1973.
Philipp Vandenberg: *Der Fluch der Pharaonen,* Bern/München 1973.
ders.: *Nofretete,* Bern/München 1975.
ders.: *Nofretete, Echnaton und ihre Zeit,* Bern/München 1976.
ders.: *Ramses der Große,* Bern/München 1977.
E. E. Vardiman: *Nomaden,* Wien 1977.
Joseph Wiesner: *Eurasische Kunst in Steppenraum und Waldgebiet,* Frankfurt/M. 1963.
Franz Hermann Wills: *Schrift und Zeichen der Völker,* Düsseldorf 1977.
John A. Wilson: „Ägypten", in: *Propyläen Weltgeschichte,* Bd. 1/2, Frankfurt/M. 1961.
Irmgard Woldering: *Götter und Pharaonen,* Herrsching 1975.
Walther Wolf: *Kulturgeschichte des alten Ägypten,* Stuttgart 1962.
ders.: *Funde in Ägypten,* Göttingen 1966.
ders.: *Das alte Ägypten,* München 1971.

Kataloge

Staatliche Sammlung ägyptischer Kunst, München 1976.
Nofretete – Echnaton, München 1976.
Von Troja bis Amarna, The Norbert Schimmel Collection New York, Mainz 1978.
Götter – Pharaonen, München 1978.

Bildquellenverzeichnis

Rolf Ammon, Stuttgart: 46, 50 oben.

Nationalmuseum, Athen: 204 rechts.

Maurice Babey, Basel: 89, 93, 180/181, 188/189, 216, 220 links, 221 rechts, 236, 246 links.

Ägyptisches Museum, Staatliche Museen Preußischer Kulturbesitz, Berlin-Charlottenburg: 14, 21 unten links, 146 unten, 156.

Ägyptisches Museum, Ost-Berlin: 219, 243 oben.

Erwin Böhm, Mainz: 56, 242 oben links.

Brooklyn Museum, Charles Edwin Wilbour Fund, New York: 45, 57 rechts, 64, 220 rechts, 254 oben links.

Andrzej Dziewanowski, Warschau: 159 oben, 223.

Royal Scottish Museum, Edinburgh: 218 oben links.

Kurt Flimm, Karlsruhe: 148 rechts unten, 149, 192.

Kestner-Museum (Abt. Ägyptologie), Hannover: 111, 135, 241.

Robert Harding, London: 252/253.

Gerhard R. Hauptmann, Berlin: 65, 69, 70, 98, 101, 102, 137, 140, 163, 168, 197, 198, 199, 205.

Roemer-Pelizaeus-Museum, Hildesheim: 128, 221 links.

Colorphoto Hans Hinz, Basel: 22, 111, 241.

Hirmer-Fotoarchiv, München: 23 oben links, 26, 27 unten, 51 oben u. unten links, 54 oben, 59 oben, 60, 77, 82, 90, 100, 105, 107, 110, 118, 119, 125, 126, 127, 141, 143, 147, 158, 159 unten, 178, 186, 196, 204 links, 226, 239, 242 unten rechts.

Holle-Bildarchiv, Baden-Baden: 248/249.

Dieter Johannes, Kairo: 55, 59 unten, 62 unten, 85 oben, 218 oben rechts.

Ägyptisches Museum, Kairo: 6, 12, 17, 18, 20, 21 oben, 23 oben links, 24, 25, 44, 51, 53, 54 oben, 56, 57 links, 62 oben, 63, 71, 77, 79, 81, 82, 85 oben, 87 oben, 88, 89, 90, 92 oben, 93, 94, 95, 96, 101, 105, 107, 110, 136, 147, 154, 155, 157, 182 oben rechts, 183, 196, 204 links, 209, 210, 211, 212, 213, 214, 216, 226, 231, 242 oben links u. unten rechts, 245, 246 rechts.

Prof. Dr. J.-P. Lauer: 54 unten.

Sammlung Gulbenkian, Lissabon: 242 unten links.

Britisches Museum, London: 11 rechts, 19 unten, 22, 114 rechts, 115 links, 182 unten, 207, 221 rechts, 224, 239, 243 unten, 247 links.

Prof. Dr. Heinz Luschey: 250, 251 unten.

Bildarchiv Foto-Marburg, Marburg: 27 oben, 122, 146 oben, 150 unten, 229, 234, 235, 237, 238.

Staatliche Sammlung Ägyptischer Kunst, München: 109, 148 links, 244, 254 oben rechts.

Museo Nazionale di Capodimonte, Neapel: 256.

Metropolitan Museum, New York: 70, 78, 84 oben, 85 unten, 92 unten, 115 rechts, 138, 148 oben rechts, 174.

Ashmolean Museum, Oxford: 19 oben, 23 oben.

Louvre, Paris: 21 unten rechts, 145, 152, 166, 217, 220 links, 236, 246 links.

Réunion des Musées nationaux, Paris: 217.

University Museum, Philadelphia: 247 rechts.

Günter R. Reitz, Hannover: 52, 61, 115 rechts, 120, 124, 151, 160, 177, 187 oben, 191.

Musei Vaticani, Rom: 254 unten.

Jan Roewer, Frankfurt/M.: 83, 179.

Norbert Schimmel Collection, New York: 242 oben.

Henri Stierlin, Genf: 28/29, 30 unten, 39, 58 oben, 73, 86, 116, 184/185, 255.

Frank Teichmann, Stuttgart: 113.

Ägyptische Sammlung, Tübingen: 36.

Museo Egizio, Turin: 170.

Uni-Dia-Verlag A. u. M. Burges, Großhesselohe b. München: 21 unten links, 23 oben rechts, 24 links, 49, 50 unten, 58 unten, 84 unten, 87, 95, 96, 114, 115 links, 190 oben, 246 rechts.

Philipp Vandenberg, Baiernrain: 133 rechts, 153.

Dr. Dietrich Wildung, München: 222.

Personen- und Sachregister

Abkürzungen: B = Beamter; G = Gottheit; Gg = Gottesgemahlin; K = Kaiser; Kg(n) = König(in); Ph = Pharao; Pr = Priester; Pr-Kg = Priesterkönig; Prz(n) = Prinz(essin); Schr = Schreiber; W = Wesir.
Kursiv gesetzte Ziffern verweisen auf Abbildungen.